德博诺
创新思考
经典系列
Edward de Bono

Practical Thinking

生活中的思考术

[英] 爱德华·德博诺 著

冀琳 译

中国科学技术出版社
·北京·

Copyright © The McQuaig Group Inc., 1994
Illustrations copyright © Jonathan Cape Ltd, 1971
This edition first published as PRACTICAL THINKING in 2017 by Vermilion, an imprint of Ebury Publishing. Ebury Publishing is part of the Penguin Random House group of companies
The simplified Chinese translation copyright by China Science and Technology Press Co., Ltd.
All rights reserved.
北京市版权局著作权合同登记　图字：01-2022-6564

图书在版编目（CIP）数据

生活中的思考术 /（英）爱德华·德博诺（Edward de Bono）著；冀琳译 . — 北京：中国科学技术出版社，2023.8
书名原文：PRACTICAL THINKING
ISBN 978-7-5046-9929-9

Ⅰ. ①生… Ⅱ. ①爱… ②冀… Ⅲ. ①思维方法 Ⅳ. ① B80

中国国家版本馆 CIP 数据核字（2023）第 032338 号

策划编辑	申永刚　方　理　陆存月	责任编辑	申永刚
封面设计	今亮新声	版式设计	蚂蚁设计
责任校对	吕传新	责任印制	李晓霖

出　　版	中国科学技术出版社
发　　行	中国科学技术出版社有限公司发行部
地　　址	北京市海淀区中关村南大街 16 号
邮　　编	100081
发行电话	010-62173865
传　　真	010-62173081
网　　址	http://www.cspbooks.com.cn

开　　本	787mm×1092mm　1/32
字　　数	134 千字
印　　张	8.25
版　　次	2023 年 8 月第 1 版
印　　次	2023 年 8 月第 1 次印刷
印　　刷	河北鹏润印刷有限公司
书　　号	ISBN 978-7-5046-9929-9/B·136
定　　价	68.00 元

（凡购买本社图书，如有缺页、倒页、脱页者，本社发行部负责调换）

Dear Chinese Readers,

These books are practical guides on how to think.

My father said "you cannot dig a hole in a different place by digging the same hole deeper". We have learned to dig holes using logic and analysis. This is necessary but not sufficient. We also need to design new approaches, to develop skills in recognizing and changing how we look at the situation. Choosing where to dig the hole.

I hope these books inspire you to have many new and successful ideas.

Caspar de Bono

亲爱的中国读者们，

这套书是关于如何思考的实用指南。

我父亲曾说过："将同一个洞挖得再深，也无法挖出新洞。"我们都知道用逻辑和分析来挖洞，这很必要，但并不够。我们还需要设计新的方法，培养自己的技能，来更好地了解和改变我们看待事物的方式，即选择在哪里挖洞。

希望这套书能激发您产生许多有效的新想法。

卡斯帕·德博诺

德博诺全球总裁，爱德华·德博诺之子

荣誉推荐

德博诺用最清晰的方式描述了人们为何思考以及如何思考。

——伊瓦尔·贾埃弗（Ivar Giaever）
1973 年诺贝尔物理学奖获得者

非逻辑思考是我们的教育体制最不鼓励和认可的思考模式，我们的文化也对以非逻辑方式进行的思考持怀疑态度。而德博诺博士则非常深刻地揭示出传统体制过分依赖于逻辑思考而导致的错误。

——布莱恩·约瑟夫森（Brian Josephson）
1973 年诺贝尔物理学奖获得者

德博诺的创新思考法广受学生与教授们的欢迎，这套思考工具确实能使人更具创造力与原创力。我亲眼见证了它在诺贝尔奖得主研讨会的僵局中发挥作用。

——谢尔登·李·格拉肖（Sheldon Lee Glashow）

1979年诺贝尔物理学奖获得者

没有比参加德博诺研讨会更好的事情了。

——汤姆·彼得斯（Tom Peters）

著名管理大师

我是德博诺的崇拜者。在信息经济时代，唯有依靠自己的创意才能生存。水平思考就是一种有效的创意工具。

——约翰·斯卡利（John Sculley）

苹果电脑公司前首席执行官

德博诺博士的课程能够迅速愉快地提高人们的思考技巧。你会发现可以把这些技巧应用到各种不同的事情上。

——保罗·麦克瑞（Paul MacCready）

沃曼航空公司创始人

德博诺的工作也许是当今世界上最有意义的事情。

——乔治·盖洛普（George Gallup）

美国数学家，抽样调查方法创始人

在协调来自不同团体、背景各异的人方面，德博诺提供了快速解决问题的工具。

——IBM 公司

德博诺的理论使我们将注意力集中于激发员工的创造力，可以提高服务质量，更好地理解客户的所思所想。

——英国航空公司

德博诺的思考方法适用于各种类型的思考，它能使各种想法产生碰撞并很好地协调起来。

——联邦快递公司

水平思考就是可以在 5 分钟内让你有所突破，特别适合解决疑难问题！

——拜耳公司

创新并不是少数人的专利。实际上，每个人的思想中都埋藏着创新的种子，平时静静地沉睡着。一旦出现了适当的工具和引导，创新的种子便会生根发芽，破土而出，开出绚烂的花。

——默沙东（MSD）公司

水平思考在拓宽思路和获得创新上有很大的作用，这些创新不仅能运用在为客户服务方面，还对公司内部管理有借鉴意义。

——固铂轮胎公司

（德博诺的课程让我们）习得如何提升思维的质量，增加思考的广度和深度，提升团队共创的质量与效率。

——德勤公司

水平思考的工具，可以随时应用在工作和生活的各个场景中，让我们更好地发散思维，收获创新，从内容中聚焦重点。

——麦当劳公司

创造性思维真的可以做到在毫不相干的事物之间建立神奇的联系。通过学习技巧和方法，我们了解了如何在工作中应用创造性思维。

——可口可乐公司

（德博诺的课程）改变了个人传统的思维模式，使思考更清晰化、有序化、高效化，使自己创意更多，意识到没有什么是不可能的，更积极地面对工作及生活。

——蓝月亮公司

（德博诺的课程）改变了我们的思维方法，创造了全新的思考方法，有助于解决生活及工作中的实际问题，提高创造力。

——阿克苏诺贝尔中国公司

（德博诺的课程让我们）学会思考，可以改变自己的思维方式。我们掌握了工具方法，知道了应用场景，有意识地使用思考序列，可以有意识地觉察。

——阿里巴巴公司

解决工作中的问题,特别是一些看上去无解的问题时,可以具体使用水平思考技能。

——强生中国公司

根据不同的创新难题,我们可以选择用多种水平思考工具组合,发散思维想出更多有创意的办法。

——微软中国公司

总序

改变未来的思考工具

面对高速发展的人工智能时代,人们难免对未来感到迷茫和无所适从。如何才能在激烈的市场竞争中脱颖而出,成为行业的佼佼者?唯有提升自己的创造力、思考能力和解决问题的底层思维能力。

而今,我们向您推荐这套卓越的思考工具——爱德华·德博诺博士领先开发的思维理论。自1967年在英国剑桥大学提出以来,它已被全球的学校、企业团队、政府机构等广泛应用,并取得了巨大的成就。

在过去的半个世纪里,德博诺博士全心全意努力改善人类的思考质量——为广大企业团队和个人创造价值。

德博诺思考工具和方法的特点,在于它的根本、实用和创新。它不仅能提高工作效率,还能帮助我们找到思维的突破点,发现问题,分析问题,创造性地解决问题,进而在不断变化的时代中掌握先发优势,超越竞争,创造更多价值。

正是由于这套思考工具的卓越表现,德博诺思维训练机构在全球范围内备受企业高管青睐,特别是在世界500强企业中广受好评。

自2003年我们在中国成立公司以来,在培训企业团队、领导者的思维能力上,我们一直秉承着德博诺博士的理念,并通过20年的磨炼,培养和认证了一批优秀的思维训练讲师和资深顾问,专门服务于中国企业。

我们提供改变未来的思考工具。让我们一起应用智慧的力量思考未来,探索未来,设计未来,创造未来和改变未来。

赵如意

德博诺(中国)创始人 & 总裁

目录

引言		001
第一部分　理解就是思考		**005**
第一章	我们如何应对情况	007
第二章	黑筒实验	016
第二部分　日常思考的特征		**021**
第三章	理解的五个层次	023
第四章	理解的实际应用	042
第五章	思考的基本过程	068
第六章	五种错误	088
第七章	四种正确	123
第三部分　日常思考的工具		**159**
第八章	是/否系统	161

第九章	幽默、洞察力与Po	181
第十章	想象力	196
第十一章	创造力	209
第十二章	注意力与线索	219
第十三章	思考-2	232

结论　　　　　　　　　　239

附录　要点总结　　　　243

引言

发生争执时，为什么双方都是对的？明明没有人故意犯错，为什么总是有错误出现？

只要还活着，只要没睡着，日常思考就无时无刻不在进行。但是，只有当日常思考出现问题时，我们才会意识到它的存在，就像只有当发动机出现故障时，我们才会注意到它一样。和家人吵架的时候、做蛋黄酱的时候、制订假期计划的时候、外出度假前考虑把狗寄养在哪里的时候、为迟到找借口的时候、想要找到简单的方法来完成工作的时候、教育孩子的时候、弄丢了开瓶器但想要喝啤酒的时候、在政治辩论中坚持己见的时候，甚至是想办法让这个世界更宜居的时候，我们都在进行日常思考。

法律并没有规定我们必须独立思考或自己做决定。在重要的事情上，接受别人现成的想法往往更简单，因为这为我们省去了很多自己动脑筋的麻烦，尽管在小事上我们仍然需要自己思考。靠自己把问题想清楚是非常难的，所以通常情况下，人们只能接受别人的想法，别无选择。教育也没能改变这种状况。你可能还记得在学校里学到的地理知识（河谷、三角洲、种植水稻的国家等）和历史知识（战争的起止日期、国王的名字等），但是你还记得老师是怎么教你思考的吗？还是说思考就像走路和呼吸一样，可以无师自通？

事实是，思考太重要了，以至于我们不敢对它做任何事。所以我们把它留给哲学家来研究，可是千百年来，他们却只用极其复杂且与日常生活无关的分析自娱自乐。1970年，被誉为20世纪最有影响力的哲学家之一的人[①]去世了。这虽然对他的同行产生了影响，但是对其他人却几乎没有任何影响。毕竟，逻辑实证主义与日常思考能有多少关系呢？

在日常思考中，争执双方都是对的。因为这种正确是感觉上的正确。指导你行动的是这种感觉，而不是你的想法所具有的抽象的哲学上的正确。本书探讨了四种实际生活中的正确：葡萄干蛋糕（情感正确）、拼图（逻

---

① 鲁道夫·卡尔纳普（Rudolf Carnap）。

辑正确)、村花(唯一正确)、麻疹(识别正确)。除了区分并命名这四种正确,本书还区分并命名了理解的五个层次和五种主要的思维错误。

区分这些思维模式,并且为它们命名,是为了使它们具有可识别性。如此一来,我们就可以在自己和他人的思维中识别出这些模式。我们还可以明确地谈论这些模式,就像谈论汽车或汉堡一样。如果不能区分这些模式并为之命名,思维就是模糊无形的,我们就很难去谈论它。

只要我们能谈论思维,我们最终就可以把它当作一种技能,就像打网球或烹饪一样。很多人以为人的思考能力取决于他与生俱来的智力水平,但事实并非如此。在我的研究和试验中,我一次又一次地遇到高智商但不善于思考的人。我还发现,人的思考能力与受教育程度关系不大,因为在受过良好教育的人(如博士、大学讲师和教授、企业高管等)中,有一些也不是很善于思考。把思维当作一种技能而非天赋,是采取行动改善思维的第一步。

本书着眼于实用的日常思维,也就是使我们能够在不了解全部细节的情况下有效使用某个物品(比如电视机)的思维。此外,本书还探讨了思维的其他方面,包括想象力、创造力、是/否系统、傲慢的危害,以及幽默在思维中的重要性。

思考看似是一个复杂得令人难以理解的过程,但是它的两个基本步骤却相当简单。本书还解释了一个令人匪夷所思的悖论,即人类思维方式之所以比动物优越得多,可能只是因为人类更愚蠢。

在写关于思维的内容时,想法追着想法绕成一个令人困惑的旋涡,使人很容易迷失于文字之间。为了避免这种混乱,本书以一个直观的思维实验为基础,而不是毫无根据的推测。这个简单的实验将作为贯穿全书的主干,防止它陷入形而上的混乱中。

我确实相信,人类最应该感到庆幸的就是他们的相对愚蠢。如果人类真像自己想象中那样聪明,却仍然让自己陷入这么多麻烦中,那才是令人绝望的。我认为,如果我们把注意力直接投向日常思维,将比追求遥不可及的目标能够起到更大的作用。

第一部分

理解就是思考

生活中的思考术

EDWARD DE BONO

第一章
我们如何应对情况

从目睹一件事情发生到做出反应,这中间浪费掉的时间就是用来思考的。在这段时间里,各种想法接连涌现,我们试图厘清眼前的陌生情况,把它转变成我们已知该如何应对的熟悉情况。后来,人类学会了随心所欲地胡思乱想,并以此取乐。但是从生物学的角度来看,思考的基本目的是使一个活着的有机体通过趋利避害生存下去。这其中的关键是知道如何应对情况:是在贪念的驱使下前进,还是在恐惧中后退?

生物通过以下三个基本过程来了解事物,并做出恰当的反应。

≫ 本能

本能是生物与生俱来的固定反应,所以特定的情况会自动引起特定的反应。这种反应是预先设定好的。它是直接的、自动的、不变的，就像你一开灯房间立刻会被照亮一样。生物的本能就像建筑物里的电线，是预埋好的，不需要学习。动物会对从未遇到过的情况做出本能反应。当某种形状的黑影在雏鸟上方移动时，会把它们吓得缩成一团，因为这个黑影看起来像一只从空中飞过的鹰。但是同一个黑影向后移动时不会引起雏鸟的反应，因为它看起来像一只温顺的天鹅。本能是由明确的情况引起的明确的反应。只要把一个带有红色斑点的喙状物体放在小海鸥头顶，它就会以为妈妈回来了，张开嘴等着喂食。拿一块印有红点的木头放在小海鸥的头顶也会引起同样的反应。动物学家廷伯根（Tinbergen）对这类直接反应进行了透彻的研究。

本能的优点：

（1）本能反应是即时的、完美的，而且不需要学习。

（2）本能反应是可预测的，而且它的意义永远不变。因此在与其他动物交流时，本能反应很有用。

本能的缺点：

（1）本能反应是固定不变的，不能根据情况进行调节。即使有时候本能反应是不适宜的，也无法取消这种反应。

（2）本能反应的数量是有限的，因此无法应对没有现成反应的新情况。

》学习

直接学习

直接学习是一个缓慢的过程，生物必须通过反复试错，才能找到对于某一情况的恰当反应。秘书要找到老板最喜欢的信件打印方式，马戏团里的马要学会只用后腿站立，猫要学会找到回家的路，网球运动员要学会发球。学习的过程就是对同一种情况做出不同的反应，看看后续会发生什么。结果可能是好的、坏的或者不好不坏的。如果你吃下某种红色的浆果，你可能会发现它酸涩难吃。如果马戏团里的马只用后腿站了起来，它可能会被奖励一个苹果。渐渐地，个体学会塑造自己的反应，使它只带来好事，不引起痛苦。一旦塑造成功，这种反应就会变得像本能反应一样，被特定的情况触发。

直接学习的优点：

（1）相比于本能，学习的好处在于个体可以形成对新情况的反应。

（2）个体可以根据情况精准调节自己的反应，还可以改进或取消不适宜的反应。

直接学习的缺点：

（1）学习是一个非常缓慢的过程，因为个体必须在反复试错中摸索。尤其是在一些长期的学习过程中，个体无法即时获得奖励，而是要经过很长时间的一系列的反应（所以你不能立刻确定自己的方向是否正确）。

（2）直接学习可能会给个体带来危险。如果每个人都必须把手指伸进电源插座才能知道它是否通电了，那将是非常危险的。

间接学习

间接学习是一种人为的本能。它使人不必经过缓慢的试错过程，就能习得应对情况的即时反应。这种反应是别人教你的，或者你间接习得的。它可能来自书本、电视、学校、父母、他人等。孩子不需要亲身经历就能知道汽车是危险的。学生可以从医学课本上了解到维生素 B_{12} 可以治疗某种贫血。一个人可以从他的经纪人那里知道某项投资有较高的风险。

间接学习的优点：

（1）间接学习比直接学习要快得多，而且更安全。

（2）间接学习可以提前应用于尚未遇到的情况。

（3）间接学习可以应用于永远不会遇到的情况（比如地理课上学到的关于某些遥远国家的知识）。

（4）间接习得的知识可以储存并传递下去（利用图书等），因此知识的总量在不断增长。

（5）比起独自一人通过直接学习做出的反应，多个人（其中一些比这个人要聪明得多）可以针对同一个情况集思广益，最后做出更好的反应。

间接学习的缺点：

（1）间接学习的效果完全取决于知识来源的可信度。由于没有亲身经历，你只能借助向你传授知识的人的眼睛，而他可能戴着有色眼镜。

（2）间接反应是适用于所有人的一般反应，它不像通过直接学习获得的反应那样能完美满足个人需求。

（3）不同的知识来源（比如父母、老师、朋友）教给你的反应可能是相互矛盾的。这可能会使你感到困惑。

（4）由于奖励和惩罚都不那么直接，人们对间接学习的热情不如直接学习。

>>> 理解

本能是针对特定情况的反应。雌蛾的气味可以吸引数公里之外的雄蛾。通过直接学习或间接学习获得的反应也只适用于特定情况。人们之所以对这些情况感到"熟悉",是因为个体知道了该如何应对这些情况。但是如果遇到了新情况呢?我们如何应对那些没有现成应对方法的陌生情况?当一个陌生女人出现在门口时,你的第一反应肯定是试着把当下的情况归于你所熟悉的某一类情况,这样你就知道该如何应对了。她在进行某项民意调查吗?她想让你买下一面旗子来做慈善吗?她的车抛锚了吗?她迷路了吗?还是说她是某个被你遗忘的旧相识?

把陌生情况转变成有现成应对方法的熟悉情况,这个过程就是理解。这个过程发生在你的脑海里,想法接连出现,你逐一进行检验,直到找到一种与当下陌生情况相似或包含这种情况的熟悉情况。从一个想法到另一个想法的过程就是思考。理解就是思考。

夜里看到一条白色的床单在半空飘荡时,你会感到害怕,因为这是一个陌生的情况。但是一旦你发现这条床单搭在晾衣绳上,你就知道该如何应对了——什么也不必做。在一家外国餐馆里,为了弄明白菜单上有哪些菜肴,你想方设法把菜单上陌生的单词和你已经认识的单词联系起来。最后你发现,一些菜名虽然极为怪异,但其实都是你非常熟悉的菜肴。

理解是一个强有效的过程,因为人类正是通过这种方式来使自己的知识成倍增加。通过学习,我们只能获得对少数特殊情况的反应,但是通过理解,我们可以把任何的新情况转化成我们已经熟悉的情况,从而立即找到应对方法(不需要通过直接学习形成反应,也不需要通过询问他人进行间接学习)。

理解的优点:

(1)理解使个体能够把旧反应应用于新情况,从而大大提高学习的效率。

(2)你可以在理解之后把新情况解释给其他人,这样他们就可以选择自己的反应,而不是盲目接受间接习得的反应。

理解的缺点:

(1)理解的效果取决于你目前拥有多少可应用于新情况的旧反应(或想法)。

（2）在试图用旧想法来理解陌生的新情况时，为了使实际情况符合现有的想法，个体可能会遗漏很多东西，或者扭曲事实。

（3）对于一个陌生情况，通常可能存在多种不同的理解方式，但是个体往往会满足于第一种方式，并且认为这是唯一的一种。

（4）面对同一个情况，不同的人可能会有截然不同的理解方式，并且相应地采取不同的行动。

在实践中思考

在实践中，现代人不常利用本能，也没有太多时间进行直接学习。我们几乎时时刻刻都依赖于间接习得的知识以及理解。我们的基本知识和想法全部来源于间接学习，要么是老师有意传授给我们的，要么是我们因为感兴趣而自学的，要么是偶然得知的。然后，我们利用自己的理解把陌生的新情况分解成为我们所熟悉的各个部分，从而应用我们已经拥有的基本知识。

何必呢？

人类为什么要煞费苦心地去理解事物呢？

（1）为了做出适当的反应：躲避、忽视、改变、享受、利用、检验等。

（2）为了产生效果：治愈疾病、改良作物、摆脱贫困、制止犯罪、赢得帆船比赛等。

（3）为了确定接下来会发生什么：关于发高烧的孩子、股市、天气、环境污染等。

（4）为了满足好奇心。

理解是从未知到已知的转变，而这种转变经由思考发生。理解的目的可能是探究事物本身，也可能是引起某种效果。理解是找出应对方法，而这个寻找的过程就是思考。

理解就是思考。

第二章
黑筒实验

想象你面前放了一张白色的桌子，桌上有一个黑色圆筒。桌子旁没有任何人。除了那个孤零零的圆筒，桌上也没有出现任何其他东西。大约二十分钟过去了，突然，毫无预兆地，这个圆筒啪的一声翻倒了。为什么？没有人接近它，什么事也没有发生。除了圆筒翻倒时发出的撞击声，整个过程中没有传出任何其他声音。你被要求尝试理解这个过程，然后在卡片上写下圆筒翻倒的原因。但是你只有十分钟的时间来做出解释，而且不被允许以任何方式查看圆筒。

▶▶ 实验对象

这个实验在许多不同的场合反复进行过，参与者加起来约有一千人。他们的身份丰富多样：大学讲师、高校科研人员、企业科研人员、博士、企业高管、广告执行总监、广告文案撰稿员、工程专业学生、心理学专业学生、综合性大学的文科生、艺术类院校的艺术生、建筑专业学生、中学教师、小学教师、培训学校的实习教师等。

相关性

黑筒实验被刻意设计得很简单,目的是便于分析参与者在试图理解黑筒翻倒原因时的思考过程。那么这个实验和日常思考有何关联呢?以下是日常思考和黑筒实验的共同点:

(1)都无法获得足够的信息。

(2)思考者都没有机会收集自己需要的数据。

(3)都不能进行试错实验。

(4)都无法检验想法的对错。

(5)都不是封闭的情况,所以个体无法证明自己是对的。

(6)都可能存在多种不同的解释。

(7)个体面对的都是模糊的想法,而不是可以套用数学公式的准确数字。

（8）重点都不在于检验想法，而是生成想法。

（9）思考者都需要在没有足够信息的情况下，得出明确的结论。

（10）都不存在求助对象。

在参与实验的一千人中，只有三个人在卡片上写了"我不在乎"。这种反应是完全合理的，因为没有人有义务理解所有的事情。如果你不屑于理解某件事，那么你必须借用他人的理解，或者干脆就不理解。

>>> 重要的是过程而非内容

在研究思维时，通常很难把思考过程和思考内容区分开。研究原子的物理学家思考的可能是夸克和中微子。家庭主妇思考的可能是羊肉的价格。但是二者的实际思考过程可能是一样的。这个过程是由大脑本身的性质所决定的。当一个人思考的内容从家庭琐事切换到更严肃的问题时，并不用拨动某个开关。无论思考内容如何，起作用的是同一个思维引擎。参与者在黑筒实验中做出的思考行为是由大脑的特征决定的，这和他用来思考政治、爱情和削土豆等问题的是同一个大脑。

>>> 不成熟的思考

在黑筒实验中，实验对象处于劣势，因为他们没有足够的信息，没有查看圆筒的机会，也没有足够的思考时间。这种不充分的"烹饪"导致的结果就是不成熟的思考。如果有足够的时间和信息，实验对象就可以做出更好的解释。他们会进行细致的分析和检查，直到排除所有错误信息，得到正确结果。从完美的结果中，我们不可能了解它背后的过程。但是从匆忙搭建起的建筑中，我们更容易看到接缝、裂隙和建造过程。

>>> 实验结果

部分实验结果在人们预料之中，另一部分则与预期相反。实验结果的主要作用，在于为确定思维的基本特征提供了一个有形的框架：四种正确，五种错误，理解的五个层次，以及幽默、创造力、想象力、注意力等。

这些都是日常思维的组成部分。如果一个人能学会客观地看待思维的这些方面,那么他就可以在这些方面加以改进。黑筒实验为我们提供了一个研究思维的放大镜。

第二部分

日常思考的特征

EDWARD DE BONO

第三章
理解的五个层次

你如何解释你不能理解的事情？这件事可能是日食，可能是一种会让人突然昏倒的怪病，可能是粮食歉收，也可能是一个立得稳稳的黑色圆筒突然翻倒。在日常思考中，我们用来向自己或他人解释这些事情的理解可以分为五个层次。

>>> 第一层次：简单的描述

"它倒了。"

"那个黑色的圆筒突然倒了。"

"它的位置突然改变了。"

"它朝一边倒下了。"

"那个圆筒倒了。"

"它从垂直于桌面变成了与桌面平行。"

这些只是对黑色圆筒翻倒的简单描述。描述是最简单的一种解释,你只需要把你看到的事情说出来。要想说得比这再少一点,那就只有闭口不谈了。

实验参与者中有超过20%的人使用了简单的描述。但是,这些简单的描述为我们提供任何实质信息了吗?它们的意思不就是"黑色圆筒倒了因为它倒了"?乍一看,这种循环论证似乎比什么也不说好不到哪里去。但是如果仔细观察,你就会发现这些简单的描述其实说明了很多东西。它们确实是一种解释,因为它们使这部分参与者坚定地相信一种明确的观点。为了理解这些描述说明了什么,你要考虑的不是它们本身,而是它们遗漏的内容。

如果我用一根细到大多数人都看不见的尼龙线把圆筒拉倒了,那么看不见这根线的人写下的解释就会和上述解释一样:

"那个圆筒倒了。"

而看得见那根线的人会写:

"那个圆筒被一根线拉倒了。"

不可能什么也没说

简单的描述作为第一层理解是有效的,由此我们可以直接得出一个重要结论:一个人只要开口说话了,就不可能什么也没说。那些解释圆筒"倒了"的简单描述,其实都暗示了圆筒的翻倒和圆筒自身有关。如此一来,就排除了其他许多参与者提出的圆筒"被打翻"的想法:

"……被风吹倒了。"
"……被隐藏在参与者中的同谋射倒了。"
"……桌子倾斜了。"
"……桌子被晃动了。"
"……讲师趁人不注意,走过去把它推倒了。"
"……被看不见的线拉倒了。"

做出简单描述的人本意可能并不是要排除上述所有可能性,但是当他坚定地在卡片上写下这种描述时,他就已经做出了选择。任何没有包含一切可能性的描述都是对它实际包含的可能性的承诺。在实践中,不可能存在包含一切可能性的描述,因为进行描述的人并不是在描述实际情况,而是在描述他看到的情况。

传递描述

做出简单描述的人可能会保留自己选择的余地,即随时准备着回到实际情况,换另一种方式进行描述。但是,一旦他把自己的描述传递给其他人(就像记者把自己对于事件的描述传递出去),对方就会坚决维护这个观点,因为他没有检验实际情况的途径。

在我看来,把"它倒了"这种简单的描述作为对所发生之事的第一层解释肯定是合理的。

>>> 第二层次:面糊词

"圆筒里有定时'翻倒装置'。"

"筒里的装置使它失去了平衡。"

"里面的装置使它翻倒了。"

"定时装置破坏了它的平衡。"

"一个专门设计的定时装置使它失去了平衡。"

"圆筒里有某种机制,能使它在一定时间后翻倒。"

"圆筒翻倒是因为某种机械装置破坏了它的平衡。"

"开关启动了圆筒里的某个东西,破坏了它的平衡,所以它倒了。"

"那个黑色的东西里有能使它翻倒的机械装置。"

面糊词给出了明确的想法,但是当你想要仔细研究这些想法时,你会发现它们就像面糊一样,没有形状,也没有可供人理解的明确含义。然而,这些想法确实存在,人们也确实会对它们做出真实的反应。法国人用胶合板做出警察和警车的轮廓放在路边,成功降低了交通事故的发生率。轮廓后的空洞并不重要,重要的是能引起司机反应的外在。同理,面糊词虽然没有意义,但是能产生真实而有用的效果。

任何事情发生以后,你都可以说它是由某种"机制"引起的。因此,说有某种机制或"装置"使圆筒翻倒,无异于说"圆筒倒了"。比如下面这个解释,看似高深复杂,其实没有任何实质内容。

"黑色圆筒里有某种机制,一旦设置好,就会在一定时间后打破平衡。因此圆筒一开始立得很稳,直到垂直方向的平衡被打破,它就倒了。"

在机场候机时,你经常会听到广播说,某航班因为"营运原因"延误了。从飞机晚点到炸弹恐吓,一切都可以算作营运原因，所以这种广播无异于说航班延误是"因为它延误了"。但是你不能真的这么说，否则肯定会引起骚乱。

有大作用的无意义词

面糊词解释比简单的描述要明确得多。它给出了具体的原因，而不仅是简单的描述。在黑筒实验中，参与者给出的原因如下：

"翻倒装置。"
"装置。"
"定时装置。"
"机制。"
"某个东西。"

比起简单地说"圆筒倒了"，这种解释表明圆筒是"因为某个东西"才翻倒的。这个东西可以被称为"某个东西"，也可以被赋予一个令人眼前一亮的名字，比如"机制"或"装置"。再详细一点，你也可以叫它"一个翻倒装置""一个专门设计来翻倒圆筒的装置""一个定时装置"。

使用这类面糊词并不算作弊。使用面糊词并不是在说废话。实际上，使用无意义的面糊词是人类思维中极其重要的一部分。人类思维之所以比动物更有效，就是因为我们能使用这种毫无意义的词。这种词必须模糊、无形，像面糊一样，才能发挥作用。你可以把一个类似的面糊词放在面前，作为你的工作目标。这个过程非常重要，我将在后续章节中详细描述。

>>> 第三层次：取名字

"是魔法。"

"我不理解，所以这是魔法。"

"某种神奇的过程。"

"镜子？砝码和滑轮？魔术！"

"它倒了。因为重力。"

"黑色圆筒里的某种发条装置或重力装置在一段时间后打破了圆筒内部的平衡，导致它翻倒了。"

"黑色圆筒是被电荷弄倒的。"

"因为电流。"

"电池产生的脉冲使黑筒翻倒了。"

"电磁铁。"

"那个黑色的东西被电动装置震了一下。"

"电击使圆筒的内部平衡发生了变化。"

魔法与磁铁

第三层次的理解是识别过程,并为之命名。命名时并不使用"装置"这样的面糊词,在黑筒实验中,实际机制被命名为:"魔法""重力""电"等。至于该机制如何产生实验中被观察到的结果,参与者并没有给出详细的解释。不过也没有必要给出细节,因为魔法意味着凡事都有可能。那些把魔法当作解释的人可能并不是认真的,不过这一层次的理解经常被用来解释奇闻怪事。上述例子中有一个提到了魔术,即"舞台魔术"。众所周知,舞台魔术师可以用镜子和滑轮做出最不可思议的事。解释这种情况时,没有必要描述功能上的细节,只要把这种机制命名为舞台魔术、魔法就够了。

从只说有"某种装置"到给这个机制取名字,我们已经往前迈了一大步。事实上,这一步大到它已经可以作为一种完整的解释。一旦你给一个机制取了名字,你就知道该怎么做了，而这正是你一开始想要理解某事物的唯一原因。例如，如果你认为使黑筒翻倒的机制是魔法，你就会知道，你对此要么无可奈何，要么必须找到更强大的反制魔法。无论哪种情况，给机制取名字都免去了进一步寻求解释的必要。

现代魔法

魔法是促使事件发生的一种神秘力量，不过没有人清楚它的原理。"重力"是我们给同样神秘的另一种力量取的现代名字。我们能感受到它的影响，但不知道它是如何产生的。

最新的魔法是电。如果我们说某件事发生是"因为电流"，那么这种解释就已经很充分了。电是无所不能的，用电可以做到任何事。控制了电就像掌握了魔法一样，你不需要知晓全部细节，只需要拨动开关或拔下插头。但是，要控制一种机制，你必须先认出它。

次要魔法

魔法、电和重力都是主要魔法，它们可以实现大部分效果。在黑筒实验中，有更多的解释用到了次要魔法。

次要魔法包括各种有具体名字的机制,比如"磁铁""弹簧""温度"等。参与者并没有从细节上说明这些机制如何导致圆筒翻倒,但是只要说出这些机制的名字就够了,因为它们明显能制造出这种效果。

"圆筒内温度上升了。"

"里面的弹簧把它弄倒了。"

"带有弹簧的定时装置破坏了它的平衡。"

"那个黑色的东西里有某种弹簧装置。"

"定时的弹簧装置。"

"磁效应。"

"被磁力拉倒了。"

出现频率最高的三种次要魔法机制分别是:弹簧、磁铁和温度。在那些对圆筒翻倒的原因做出了详细解释的人中,使用这三种机制的比例如下:

弹簧	12.8%
磁铁	11.6%
温度	11.4%

有趣的是,在孩子们的画里,使用弹簧和磁铁来达

到预期效果的比例非常高。弹簧和磁铁就像魔法一样，是无所不能的。

名字具有非凡的意义

遇到陌生情况时，只要你能说出其中起作用的机制的名字，你就能立刻理解这个情况。如果粮食收成不好，你可以冲出去打农神石像的头。如果机器失控，你可以切断电源。如果你想让黑色圆筒翻倒，你可以从找到一块磁铁或一个弹簧做起。一旦你把机制命名了，你就知道该怎么做了，或者说你就不需要进一步寻求解释了。

≫ 第四层次：工作原理

"里面的东西慢慢改变位置，导致它失去平衡。"

"圆筒里的东西向上移动，打破了平衡。"

"因为它是立着的，所以里面有一个重物会向上移动，导致它失去平衡。"

"底部有一个东西向上移动，导致它头重脚轻……失去平衡。"

"圆筒翻倒是因为头重脚轻。"

"圆筒的重心移动了,导致它立不稳。"

"重心偏离了之前的平衡点。"

"圆筒翻倒是因为它的重心变了。"

"重心变了。"

"圆筒底部有一部分是用某种'塑料'制成的,这种材料会(缓慢)弯曲,直到圆筒翻倒。"

"圆筒的底部不正常,一侧会突然断裂,导致圆筒倾倒。"

"圆筒倒下那一侧的底边是用某种会缓慢收缩的材料制成的。"

"有东西从圆筒底部的某一侧弹出来了,导致它失去平衡。"

因果关系

黑色圆筒的翻倒是一个必然事件。在解释一件事时,我们可以说明它是由前一件事直接引起的。先发生的事是原因:"圆筒里的重物向上移动""重心变了""底边缓慢收缩""有东西从圆筒底部出来了",等等。后发生的事是结果:"圆筒倒了"。因果关系其实就是找一个方便的节点把一条事件链砍断,然后把断点前称为"原因",

把断点后称为"结果"。

第四层次的理解表明,我们所见之事实际上是另一件不可见之事的结果。因此,人们在解释陌生情况的时候,会沿着事件链往回走,直到找到一个熟悉的事件。圆筒内有东西移动、重心变化、有钉子突然从筒底弹了出去,我们对这些事件的陌生程度都比圆筒莫名其妙翻倒要轻得多。通过这些熟悉的过程来看待圆筒翻倒这一陌生事件,我们实质上是在解释它的工作原理。

这一层次的解释没有给出过程的实际细节。我们不知道重心是如何改变的,也不知道圆筒里向上移动的东西到底是什么。它只是对工作原理的概括性描述。重点在于发生了什么,而不是使之发生的微小细节是什么。重点在于过程,而不是它的实施方式。因此,我们可以说画家"爬上去画天花板",而不用具体说明他究竟是用了梯子,还是把凳子叠到了桌子上面爬上去的。这种方法和上一层次的解释中使用的方法几乎完全相反。在第三层次的解释中,机制有明确的名字,但是它的实际工作原理并没有被描述。我们只知道以某种方式使用磁铁或弹簧,圆筒就会翻倒。第四层次的解释描述了工作原理,但是没有为机制命名。我们只知道圆筒里有一个重物向上移动了,但我们不知道使它上移的是磁铁、弹簧还是电动机。

名字还是过程

在实践中,如果你能理解某机制的工作原理,通常就能为这一机制命名。反过来,如果你能为某个机制命名,说明你对它的工作原理有所了解。你可以先判断一种疾病为痢疾,再考虑细菌感染和体液流失等问题。或者也有可能,你先注意到了体液流失和感染迹象,才使用"痢疾"这个名字。

取名字这一层理解的优势在于,识别一种机制比准确说明它的工作原理要容易得多。把一件事称为魔法比说明魔法如何起作用要容易得多。之所以说这是一种优势,是因为它使你可以继续做一些事,而不必等到理解它的工作原理以后再做。但是这也可能成为一种劣势,因为你可能会满足于给机制取名字,而不再进一步探索它的工作原理。如果你真的想弄明白事物的工作原理,那么最好从理解过程开始,最后再取名字。

先后关系

试图理解某事物的工作原理时,我们其实是在为自己所观察到的结果寻找原因。正如前文所述,这相当于回溯时间线,以证明陌生事件是由某一熟悉事件直接引起的。这是观察因果关系的最佳方式,因为它为我们呈现了全局。如果一个人试图把某个特定的原因分离出来,那么他很可能会遗漏其他的必要因素。这在黑筒实验中经常发生,我将在后面关于"五种错误"的章节中展开讨论。

》》第五层次:完整的细节

"你踢了一下桌子。"

"有个人躲在桌子后面,趁我们不注意把它推倒了。"

"某个人从右边的窗户把它射倒了。"

"投影仪的振动,加上风扇和窗外吹来的风,导致圆筒很难立稳。"

"圆筒本身就立不稳,是用胶水粘在桌子上的,最后胶水不黏了。"

"圆筒里藏了一只发条老鼠,爪子是用吸盘做的。它沿着圆筒内壁往上爬,导致圆筒头重脚轻,最后翻倒了。发条装置是静音的。"

第五层次的理解是你所能达到的最详细的一层。它相当于一张蓝图或一个工作模型，使人能准确理解黑筒究竟为什么会翻倒。在这一层次，大多数解释实际上都是以图画的形式呈现的。通过看图，你不仅知道了整个过程是"用电"实现的，还能清楚地看到一节电池通过电线和开关与马达相连，马达带动螺旋轴，将一个重物抬升到圆筒的顶部。

有些示意图非常复杂，但是详细的解释不一定非得是复杂的。比如"你踢了一下桌子"这个解释就非常简单，但它的详细程度不亚于描绘了铅粒慢慢流到置于（相对）底面的气球上的那幅图。机制本身可能是复杂的，也可能是简单的，无论用到了哪一种机制，解释都给出了细节。

多完整才算完整的细节

要求人们给出绝对完整的细节显然是不可能的。例如，要想让弹簧具有弹性，金属内部需要发生哪些变化？在进行解释的时候，我们可以源源不断地提供细节，但是永远也不能说自己已经给出了（绝对意义上的）完整的细节。在实践中，当没有人有必要再问为什么或怎么样时，就可以停止提供细节了，这时你也就可以认为，已经给出了完整的细节。这时，原本陌生的情况已经变成了熟悉的情况。矛盾点在于，如果你不停止，而是继续提供细节，情况可能会再次变得陌生。因此，弹簧具有弹性是人们所熟知的，但如果你进一步讨论弹簧钢的冶炼，就会让你的解释变得不易被人理解。

第三层次和第四层次的结合

第五层次的理解是第三层次和第四层次的结合。它和第四层次的解释一样，描述了工作原理，但是又进一步明确并命名了过程中使用的机制。不可能存在更深层次的理解。

》 小结：理解的五个层次

在本章中，解释被视为一种可传达的理解。理解是个人的、主观的。解释使理解为他人所见。

第一层次：简单的描述

第二层次：面糊词

第三层次：取名字

第四层次：工作原理

第五层次：完整的细节

如果有人让你解释汽车的行驶原理，那么五个层次的解释可能分别为：

简单的描述："汽车在路上行驶，人坐在车里。"

面糊词："有一个机制使汽车能够行驶。"

取名字："汽车能行驶是因为有汽油。"

工作原理："发动机中气体膨胀所产生的能量被传递给车轮，使车轮转动起来，推动汽车前进。"

完整的细节："油箱里的汽油通过管子被吸进化油器，汽油在化油器里与空气进行混合，产生易燃的混合气。发动机曲轴转动，打开阀门，使混合气在发动机循环中某个恰当的时间点进入气缸的顶部。然后活塞上升，压缩混合气，火花塞通电产生火花，将混合气点燃……"

五个层次的理解普遍适用

本章中列出的五个层次的理解不只适用于解释，无论我们以哪一种方式对一个主题进行思考、讨论或辩论，它都适用。因此，第一个人可能会简单地根据他所看到的内容来描述一场骚乱；第二个人可能会谈到"大众心理学"；第三个人可能会把这个机制命名为某种鼓动；第四个人可能会谈论骚乱的过程和背景；第五个人可能会尽力提供完整的细节。这些同样层次的理解还将为行动和决策提供基础。

> 简单的黑筒实验和复杂的骚乱看似有天壤之别，但我们面对的其实并不是圆筒或骚乱，而是基本的思维习惯。
>
> 一个人只要开口说话了，就不可能什么也没说。
>
> 人类思维之所以比动物更有效，就是因为我们能使用这种毫无意义的词。
>
> 一旦你给一个机制取了名字，你就知道该怎么做了，而这正是你一开始想要理解某事物的唯一原因。
>
> 在实践中，当没有人有必要再问为什么或怎么样时，你就可以停止提供细节了，也就是说，你已经给出了完整的细节。
>
> 矛盾点在于，如果你不停止，而是继续提供细节，情况可能会再次变得陌生。

第四章
理解的实际应用

>>> 理解需要多详细

在黑筒实验中,1000名参与者试图理解圆筒翻倒的原因,其中325人(32.5%)给出的解释属于第一层次或第二层次的理解。这是因为他们不能达到更深层次的理解吗?因为时间不足?还是因为他们觉得这一层次的理解已经足够好?

一个人如何选择理解的层次?他是选择自己所能达到的最深层次?还是到了可以开始行动的那个层次就停止?抑或先尽可能往深处理解,然后返回到更实际的层次?

科学分析

面对解释的五个层次,人们往往会觉得更深层次的解释肯定更好。第五层次看起来比第四层次好,而第四层次看起来比第三层次好。这是科学上的传统,即解释事物时必须尽可能详细。因此，人们会深入到最细微的细节，然后通过实验和观察继续向深处探究。搜寻最完整的细节这件事本身就是目的，而不仅是为了获得行动所需的细节。"母鸡的卵被包裹在坚硬的钙质外壳里，外表呈椭圆形，使其能抗挤压（但不能抵抗冲击力）。将一只卵放进（标准大气压下）100摄氏度的水里，停留3分钟。在此期间，蛋白部分凝固并且……"这就是追求完整细节的态度。人类最伟大的科学和技术成就都源于这种态度。但是在日常思考中，我们需要的解释和理解与此不同："把锅放到火上，待水沸腾后，把鸡蛋放进去，3分钟后再拿出来。"

日常思考

在科学分析中，数据多而行动少；但是在日常思考中，行动多而数据少。行动是日常思考的主要目的。我们思考的重点不在于尽可能多地积累知识，而在于运用足够多的知识来决定下一步该做什么。

科学家可能会选择终其一生只研究某种小昆虫的翅膀的基因结构。科学探究可以选择聚焦于一个非常小的领域，但是日常思考需要应对各种各样的情况，而且这些情况并非我们主动选择的,而是强加在我们身上的,而且可利用的数据通常非常少。日常思考必须处理各种模糊的主题,比如人类行为、政治和经济等。即使有时能获得可靠的数据,也很难及时掌握这些数据以采取行动。

如果日常思考遵循科学探究的习惯,追求完整的细节,那么人类将无法生存,因为人们将无法采取任何实际行动。相比科学探究,在日常思考中,理解的目的是截然不同的。我们并不会自动寻找最详细的解释,而是去寻找使我们得以行动的最简单的一层解释。一个解释只要能使人以某种方式应对情况,就足够详细了。丈夫晚上回到家时怒容满面,他的妻子不知道该如何应对,直到她了解到他把公文包落在地铁上了。

应对情况

一个足够详细的解释应该能使人:

(1)确定眼前的情况不值得他浪费精力,可以忽略(例如黑筒实验)。

(2)确定眼前的情况很重要,但是目前还不需要采取进一步行动（例如股价下跌）。

（3）确定眼前的情况很危险，应该避免（例如你车子的轮胎不一致，既有子午胎[①]又有斜交胎[②]）。

（4）确定眼前的情况很好，应该享受（例如特价旅行）。

（5）对特定情况做出特定反应（例如医生选择用青霉素治疗肺炎）。

（6）确定它需要更详细的解释（例如对思考过程进行检验）。

要满足上述要求，其实并不需要第五层次的解释，即完整的细节。任一其他层次的解释都足以使人做一些事来应对情况。当然，做事的过程中可能会需要寻找更多细节，以达到第五层次的解释，但这并不是绝对的。

---

① 轮胎的一种结构形式，子午胎的帘线不是相互交叉排列的，而是与外胎断面接近平行。——编者注
② 斜交胎的胎体帘布层由数层挂胶帘布组成，相邻的帘布层交叉排列。——编者注

需要与使用

想象你要穿过一个陡峭的山谷。如果你步行,而且赶时间,你可以从一座架在谷顶的摇摇晃晃的吊桥上跑过去。如果你开着一辆汽车,你可以走建在谷壁靠下位置的桥,它更短也更坚固。如果你开着一辆卡车,你会想走靠近谷底的,更短、更坚固的桥。如果你想要绝对的安全和可靠,你就得下到谷底,穿过山谷,再从另一边爬上去。这些修建在不同位置的、坚固程度不同的桥相当于不同层次的理解。你根据自己的目的选择不同的桥或不同层次的理解。你不需要每一次都下到谷底,就像你不需要理解蛋白的分子结构才能煮鸡蛋一样。如果你赶时间,那么那座架在谷顶的长而摇晃的桥对你来说可能会更实用。

细节的危害

虽然说我们并不是在任何情况下都需要最详细的解释,但是尽可能做到最详细,不是更好吗?事实上,我们的确觉得,如果可以的话,应该朝着第五层次努力。我们欣赏详细的解释,并且会因为更低层次的肤浅解释而感到不好意思。农作物歉收时,了解作物病害并加以防治,肯定比把它归因于农神发怒要合理得多。

但另一方面,过多的细节也可能会造成不良影响。在分析黑筒实验的结果时,我很快就意识到,统计有效解释和无效解释的数量是一个不可能完成的任务。如果参与者提供了详细的解释或示意图,那么判断它是否有效是很容易的。但是,当参与者提供了其他层次的解释时,你根本无法判断它是否有效。因为只要陈述足够笼统,它就会包含一个正确的解释,而参与者本人可能根本没有想到这个解释。"圆筒里有一个能使它翻倒的装置",这个解释算对还是错呢?政界人士、医生、预报员都非常清楚,坚持笼统的解释可以降低出错的风险,因为追求细节会提高风险。这种态度看似懦弱。但是,如果你的目的是选择适宜的行动,那么把它建立在一个不太可能出错的笼统解释的基础上,比把它建立在一个很有可能出错的详细解释上,要保险得多。不过,在科学研究中,你的全部目标就是寻找足够的细节来证明你自己是错的,因为你必须通过这种方式来改善你的想法。

即使在科学领域,追求详细的解释也可能弊大于利,尤其是当你没有足够的数据来排除这种解释时。人类思维总是倾向于创造极其详细的系统，而且只有当各个部分严丝合缝地拼在一起时，这些系统才是有价值的。科学史上充满了对于炼金术、占星术等的详细解释。医学史和心理学史尤其被各种详细的解释所填满，而这些解释对进步的阻碍远大于帮助。如果你面对的只是一个模糊的解释，你会试着去改进它，并且乐于接受新想法。如果你面对的是一个详细且看似完整的解释，你就会一门心思地维护它，让它延续下去。

有用性是关键

如果说笼统的解释比详细的解释好，那肯定是错的。但是要说详细的解释必然优于笼统的解释，同样也是错的。真正重要的是解释的有用性。增加细节通常不会提高有用性，只会制造一种有用性提高了的假象。解释的重要之处在于它能使人移动到哪里。从笼统的解释出发更容易前进，而从详细的解释出发时，你可能不得不先后退。麻烦的是，笼统的解释看起来更不需要改变，所以你可能会更不愿意出发。

>> 黑匣子

汽车的工作原理是什么？大多数人只知道要让车跑起来，必须"打开点火开关"。这就是他们对汽车的全部了解。他们知道车上某个地方安装了发动机（甚至不知道它在车头还是车尾）和排挡等，但是不需要了解它们的工作原理。他们只要坐上车，打火，就能把车开走，而且他们一点不比那些对汽油发动机、化油器和燃油喷射系统等了如指掌的人开得差。

对大多数人来说，汽车就是一个"黑匣子"。你知道怎么开车，但是不清楚它的内部工作原理。"黑匣子"这个名字本身就意味着你看不到它内部发生了什么。关于黑匣子，你只需要知道如果你做出特定举动（比如打开点火开关），就会有特定事情发生（比如汽车发动）。你不需要知道这中间发生了什么。这就像打电话时，你不需要了解麦克风、感应线圈、继电器、中继器等；打开电视时，你不需要了解阴极射线管、荧光粉、锯齿波信号、晶体管等；使用吸尘器时，你只需要知道只要按下按钮，它就会开始工作。

按下正确的按钮

到目前为止，在 5 ~ 8 岁年龄段儿童的设计中，最引人注目的一点就是他们对按钮的使用。无论多么原始的机器，他们都会在上面精心设置一个"开机"按钮使其启动，一个"关机"按钮使其停止。按钮并不控制内部工作，按钮本身就是工作。

要想产生特定的效果，我们就得提供一个特殊的按钮。"只要你按下正确的按钮，就能达到想要的效果。"一个 6 岁的孩子为邮递员设计了一种自行车，车上有三个按钮：按下第一个按钮，邮递员会得到一杯泡好的热茶；按下第二个按钮，自行车会自动前进和拐弯，而邮递员可以安心看漫画（类似于自动驾驶）；按下第三个按钮，会立即出现一个机器人，跑去帮邮递员把信投进信箱。这三个按钮依次排列在自行车的把手上。当被要求设计一款"逗趣机"时，有个孩子画了一个小巧的控制面板，你可以像戴手表一样把它戴在手腕上。面板上有许多小按钮，按下按钮就会得到对应的"有趣的"东西。无论你想要一块巧克力蛋糕、一个玩具护士包，还是马戏团里的动物——"一只狮子"，你只需要按下正确的按钮即可。

生于电子时代是人们养成这种按按钮习惯的直接原因。你手里只有一个盒子，按下正确的按钮，就可以产生你想要的效果。这种按钮机制取代了从前使你能看到事情发展全过程的因果机制。在因果机制中，如果你想洗衣服，你得把它们泡进盆子里；如果你想把砖块运到楼顶，你得利用绳子和滑轮。在按钮机制中，你可以使用洗衣机或电梯，这时只需要按下正确的按钮就可以了。从因果机制到按钮机制的转变，可能是人类思维数百年来经历的最重要的文化变革。

咒语和神明

在某种程度上，按钮机制使我们回到了依赖"咒语和神明"的日子。在那个时代，如果你想制造某种效果，必须用正确的咒语或法术来"触发它"。如果你想求雨，那么按下正确的按钮即可。如果你想让你的敌人生病，也只需要按下正确的按钮。咒语或法术与它们所产生的效果之间的联系，就像按下按钮电视上会出现画面一样，令人费解。它们是在冥冥之中发生的，没有一条可供我们观察的因果链。整个过程变成了一种识别过程。我们不需要让事情发生，只需要找到正确的按钮（或咒语/

法术）来启动。如前所述，电是一种现代魔法，按下正确的按钮就可以施法。

更原始，但更先进

按钮机制看起来更原始，因为它使我们回到了"魔法"时代。但从另一个角度来说，它也是一种进步，因为它使我们看待事物的方式变得更加复杂。我们对复杂系统的结构越来越感兴趣，这种兴趣最终取代了19世纪静态的科学研究方法。这在一定程度上是因为我们对生命体越来越感兴趣，而生命体这种复杂系统不像蒸汽机那样可拆解。如果你把三本书叠放起来，那么只要你不动它们，这三本书就会一直原样叠放在一起。这就是旧的因果机制，即静态的研究方法。在复杂系统中，事物一直处于运动状态，我们并不是让事情发生，而是寻找正确的方式对事物产生影响，从而触发某种效果。这就是动态的方法。触发的效果并不是你所做之事的结果，而是取决于系统自身的黑匣子的工作原理。举例来说，电视上出现的画面取决于电视机的内部工作过程，而你按下正确的按钮这个动作只是触发因素。医生在使用强力消毒剂来杀菌时，就好比拿了一把小锤子，逐个敲掉细菌的脑袋,但是当他使用一种叫作四环素的抗生素时,情况则大不相同。抗生素引起了细菌自身的某些变化,使它无法继续繁殖,随后被身体的免疫系统消灭。因此,使用抗生素时,实际上同时利用了细菌的"系统"和身体的"系统"。

在医学和生物学中,我们找到了复杂的系统,并且一直在寻找正确的按钮来触发我们想要的效果。我们偶尔能理解促使效果产生的整个机制,但多数时候,我们并不了解实际起作用的机制,只是找到了有用的按钮。阿司匹林是用处最多且效果最好的药物之一,它的年消耗量以吨为单位,然而我们却不清楚它是如何起作用的。我们对阿司匹林的使用,就像上文中孩子为邮递员设计的自行车,按下正确的按钮就会出现一杯泡好的茶一样。从原先粗暴简单的因果机制,到通过寻找并按下正确的按钮来利用复杂的系统,这是一种进步。举例来说,比起集中营和火刑等简单粗暴的手段,如今只要利用一些精心挑选的、能制造舆论的词,就可以更有效地影响人们的思想。

自动化时代

随着工业机械的发展,确切来说是随着我们日常生活中的机器设备变得日益复杂，有人认为，总有一天，大多数人会因为不够聪明而寸步难行。然而，只要切换到按钮模式，这个问题就会迎刃而解了。无论机器多么复杂，你要做的都只是按下正确的按钮。毕竟，汽车已经非常复杂了，但开车并不需要你是个天才或工程师。

无知也是一种工具

有人认为黑匣子不过是无知的代名词。它确实是。但同时，它也使我们能够有效地利用无知，而不是成为无知的牺牲品。工程师可能会看不起某位普通人，因为他把汽车当成了一个神奇的黑匣子，认为车能正常行驶只是因为他打开了点火开关。

但事实是，这位工程师自己也在使用黑匣子。难道他了解所有关于汽油燃烧的物理、化学知识吗？还是像用黑匣子一样在利用这种燃烧？他了解所有关于润滑剂的表面物理学知识吗？还是像用黑匣子一样在使用润滑剂？他了解所有关于齿轮的冶金学知识吗？还是把现成的齿轮当成黑匣子在用？

无论我们的理解有多深入，最终都会碰到黑匣子。这是因为注意到一种效果比理解它产生的原因要简单得多。

科学领域里充满了黑匣子。重力就是一个很好的例子。我们知道它的作用，知道如何计算它，也知道如何精确地利用它把人类送上月球。但是我们并没有真正理解它。"磁力"也是一个黑匣子。"电子"和"光"也不例外。人体内最基本的过程之一就是钠离子从细胞内被抽到细胞外液中。大脑和神经系统的全部活动都依赖于这个过程，但我们对它知之甚少。在这个过程中，钠离子的移动方向似乎与它自然"流动"的方向相反。因此，我们就说肯定存在一个钠"泵"，因为我们想让水逆向流动时，就得用泵。这种说法无异于"有一个机制使圆筒翻倒"。

跳跃式前进

黑匣子极其有用。生活（和科学）离不开黑匣子。之所以说黑匣子有用，是因为它使我们得以进一步思考和行动。如果每个司机都必须对汽油发动机和变速器了如指掌，路上就不会有那么多汽车了。如果只有自己能造出电视机的人才能看电视，电视广告就很难产生影响了。

黑匣子使我们能够利用各种效果，即使我们并不了解这些效果产生的原因。它使我们能够在一无所知的情况下正常行事。你只需要知道如何准确地触发效果。因此，只要学会按下正确的按钮，你就可以"跳过"中间所有的细节，直接使用你想要的效果。

要想使用黑匣子，你首先要识别它，以便找到正确的按钮。一旦你能认清楚情况，你就会知道如何达到你想要的效果。正因如此，名字才显得尤为重要，因为名字是首要的识别手段。

对黑匣子的使用相当于第二层次和第三层次的理解。你可以把电视机叫作电视机，以此解释它的工作原理（第三层次：取名字）。或者你也可以说有一个"机制"使电视屏幕上出现画面（第二层次：面糊词）。

>>> 具名概念（Named-idea）与捆绑概念（Bundle-idea）

捆绑概念指的是两个或两个以上的概念被捆绑在一起，当作一个整体来使用。"显示时间的设备"是一个捆绑概念。"通过人民选举产生政府的政治制度"也是一个捆绑概念。当一些概念经常被捆绑在一起使用时，人们就会为其命名。显示时间的设备变成了"时钟"，上述政治制度变成了"民主"。一旦被命名，捆绑概念就会永久固定下来。具名概念就是被赋予名字后固定下来的捆绑概念。因此，"时钟""猫""老鼠""爱""震动""移动"等都是具名概念。具名概念在思维中发挥着重要的作用。如果一个人的脑海里没有"高尔夫"这个具名概念，你就很难向他解释为什么拿着高薪的企业主管会追着一个他们似乎并不喜欢的小白球，在一片长长的草地上左奔右走。如果没有"政府"这个具名概念，我们就很难对政治展开思考。事实上，有很多我们应该思考却无法思考的问题，因为我们还没能将它们固定为具名概念。

内容

捆绑概念的主要优点在于它易于捆绑，也易于拆分。捆绑概念只包含当下被捆绑在一起的内容。但是，当捆绑概念变成具名概念时，它的内容就会固定下来。随着时间的推移，你或许可以在具名概念原来的基础上加入新的内容，但是很难移除它已有的内容。因此，一开始视资本家为剥削阶级的人可能会接受资本家办事效率高这个想法，但是不太可能把他们当作奉献者。

移动

思考是从一个想法移动到另一个想法的过程。使用具名概念和捆绑概念时,思维会从其中一个移动到另一个,从而自动产生移动。孩子们从衣橱里掏出很多旧衣服,准备为参加化装舞会而装扮。一个孩子穿上某几件衣服后,另一个孩子对他说:"哦,你看起来像个吉卜赛人(或阿拉伯酋长或海盗)。"这几件衣服捆绑在一起,就形成了一个明确的名字。另一个孩子可能会先产生要打扮成阿拉伯酋长的概念,然后挑选不同的衣物,也就是捆绑成阿拉伯酋长这个概念所需的各个部分。前一个孩子从捆绑概念移动到了具名概念,而后一个孩子从具名概念移动到了捆绑概念。

从"随着时间的流逝以可预见的方式移动的东西"这个捆绑概念开始,我们可以清楚地看到这种自动移动过程。从这个捆绑概念,我们可以移动到具名概念"时钟"。从这个具名概念,我们可以移动到它背后的捆绑概念,即"计时工具"。从这个捆绑概念,我们可以再次移动到新的具名概念"沙漏"。然后继续移动到捆绑概念"两个相连的容器,沙子从其中一个容器里缓慢流进另一个容器"。这时，我们已经得到了一个可以解释黑筒翻倒原因的捆绑概念。如果你愿意，你可以继续从具名概念"沙子"移动到捆绑概念"一堆有一定重量的小颗粒"。从这个捆绑概念，我们可以移动到黑筒实验中，一些解释里提到的"铅粒"这个具名概念。

从具名概念移动到潜在的捆绑概念时，这个捆绑概念不一定要包含构成具名概念的所有概念，只需要包含其中一部分即可。例如，你可以从具名概念"磁铁"移动到"一种可以在距离较远时产生影响的物体"，而不必列出磁铁的所有特性。

必要条件

在试图理解一个陌生情况时，你可以把你观察到的一切都列出来，然后捆绑在一起，形成一个捆绑概念。例如，在黑筒实验中，你列出的"必要条件"列表可能如下：

"会在一定时间后行动。"
"无声的。"
"突然发生。"

"小到可以放进圆筒里。"

"涉及重量的转移。"

通过以这种方式生成捆绑概念,我们希望能灵光一闪,想到一个满足这一"捆"条件的具名概念。

目标

上述必要条件列表其实就是我们尚未找到的具名概念背后的捆绑概念。与其称之为"我们正在寻找的东西",不如图方便,用"目标"这个词代替它。所谓的目标,是一个能涵盖列表中所有条件的临时名字。

因此,我们可以说:"这个目标必须能突然行动,不发出任何声音,而且被完全装在圆筒里面。"

在黑筒实验中,你可以用"机制"一词来替代目标。但在其他情况下,用"目标"会更方便:"目标到达这里的时间是昨天早上 6 ~ 8 点,可能是开车来的"(侦探在讨论案件)。

修改

我们很少能在一开始就列出所有的必要条件。大多数情况下，我们会先列几个条件，得到一个具名概念，然后进一步添加条件，对该具名概念进行修改，从而得到新的概念。这一系列过程可能如下：

"圆筒里有一个会动的东西，是它弄倒了圆筒。"
"动物。"
"一只小到能装进圆筒的动物。"
"老鼠。"
"一只行动可预测的老鼠。"
"发条老鼠。"
"一只能爬到圆筒顶部的发条老鼠。"
"爪子上有吸盘的发条老鼠。"
"没有听到任何声音。"
"爪子上有吸盘的、静音的发条老鼠。"

具名概念与行动

在理解的过程中，我们会先形成捆绑概念，作为寻找具名概念的踏脚石。只有具名概念能引起人的行动，因为具名概念是已知的情况，所以我们知道什么是正确的反应。捆绑概念是临时的概念组合，因此不存在明确的反应。一个男人走进屋里,只见他手里拿着"一个闪闪发亮的东西,它很长,而且是横着被举起来的"。这是个捆绑概念,不能立即引起人们的反应。但是如果把这个捆绑概念换成具名概念"枪",你就会立刻找地方躲避。

我们之所以寻找具名概念,是因为它会告诉我们应该采取什么样的行动,也是因为它是我们实实在在可以获得的东西。可能存在这样一个捆绑概念:"重量慢慢从一个容器转移到另一个容器",但是你无法用这个概念买到东西。然而,如果你想到了具名概念"沙漏",你就能把它拿到手里。

困囿

具名概念是永久固定下来的概念组合。如上所述,我们的目标是尽快找到具名概念。但我们也可能会困囿于僵化的具名概念。如果你从捆绑概念"重量从圆筒一端慢慢转移到另一端"自动移动到了具名概念"沙漏",你可能就会被它困住,无法继续考虑水从一个容器流进另一个容器,或用电动机移动物体等可能性。

储备

我们只能使用自己概念储备中已有的具名概念。如果我们储备的概念很少,那么所有的情况都只能依据这寥寥几个概念来理解。在理解的某个阶段,我们必须得出一个具名概念。因此,可用的具名概念越少,我们对不完全符合已有概念的情况的理解就越有限。在黑筒实验中,如果一个人只能想到用时钟当计时装置,那么他就想不到,用冰慢慢融化或水逐渐从一个容器流进另一个容器等过程,来解释圆筒翻倒的原因。同样,如果一个人的储备中只有"懒惰"和"积极"两种工作态度,那么他就很难理解为什么同一个人在做不感兴趣的工作时表现得很懒惰,而在做感兴趣的工作时表现得很积极。要理解这种情况,他还需要第三种概念叫"动机不足"。

进入储备的概念可以分为三大类。

(1)明确的具名概念。这类概念包括明确的物体(狗、马、炸弹等),明确的标签(雇主、职员等),明确的行为(爱、司法、发明等),等等。

(2)模糊的具名概念(面糊词)。这类概念包括机制、装置、布置、设备、某物、某种方式等。

（3）交互式具名概念。这类概念指的是过程、关系和互动。它们的作用是把其他的概念组合起来，说明它们之间的联系。这类概念都是功能词，比如反对、结合、修改、扩大、引起、变成等。

捆绑概念是由模糊的具名概念和交互式具名概念组合而成的。因此，这两类概念的储备越丰富，我们就越有可能准确地构想出符合情况的捆绑概念。正如画家在描绘风景时要用到不同的画笔和色彩，这两类概念的储备越多，我们就越有可能理解各种情况。但是最终，我们还是要从捆绑概念移动到具名概念。因此，除非我们能为这个新的捆绑概念创造一个新的具名概念，否则无论我们在构建新的捆绑概念时多么细致严谨，最后都只能被迫使用储备中原有的具名概念。

第三层次和第四层次的理解

捆绑概念基本上可以对应第四层次的理解，即描述"工作原理"。这种描述由几个概念和它们之间相互作用的方式构成。事实上，可以说这样一个完整的描述就是一个捆绑概念。具名概念则对应第三层次的理解，即"取名字"。我们发现圆筒翻倒的过程和我们已知的某个过程是一样的，于是使用了电、魔法、磁铁等具名概念。正如我们在上一章中看到的那样，参与者对圆筒翻倒的解释通常只是一个具名概念，比如电或重力。

明确的原理与笼统的概念

在理解的范围内，明确的原理和笼统的概念处于完全相反的两端。因此，如果说二者不可区分，会让人觉得不可思议。

笼统的概念属于第二层次的理解（面糊词），比如"一个能使圆筒失去平衡的机制"。而一个人只有在深入最详细的第五层次的理解，研究过多种有可能的解释，并从中提炼出一个基本原理以后，才能提出一个明确的原理。因此，在黑筒实验中，要想提出一个明确的原理，必须考虑过以下所有可能成立的解释：圆筒底部有一侧放了一块冰；空气通过小孔从一个隔层里流出；圆筒底边有一部分是用蜡做的，后来慢慢融化了；电动机把一边拉了起来；一根钉子突然从筒底弹了出去。能涵盖以上所有可能性的原理是："圆筒底部发生了变化，导致圆筒翻倒。"如果一个人能提出这个明确的原理，说明他肯定能想出以上所有的机制。然而，从这句话本身来看，人们可能会以为他是因为想不出任何具体的机制，才使用"底部变了"这个模糊的说法。

无知还是博学

在解释里提到"定时装置"的人，是因为想不到明确的具名概念吗？还是因为想到了太多（沙漏、时钟、水从细管中流出等），所以不希望受困于某个特定的选择，才用这个说法来概括？我们无法从参与者的陈述中分辨。正因如此，才会出现上述异乎寻常的观点，即明确的原理和笼统的概念是不可区分的。这意味着我们无法区分属于第二层理解的解释和实际上已经达到了第五层理解的解释。因此，在其他人看来，明确的原理可能并不比笼统的概念更有用。反过来，笼统的概念可能和明确的原理一样有用。二者真正的区别在于，提出明确原理的人能确定自己的解释是正确的，如有要求，他可以进一步补充细节，而给出笼统概念的人做不出任何具体的解释。但是，如果他给出的笼统概念足够模糊（比如一个能使圆筒翻倒的机制），它就很可能会包含正确的解释。

在科学分析中,数据多而行动少,但是在日常思考中,行动多而数据少。

科学探究可以选择聚焦于一个非常小的领域,但是日常思考需要应对各种各样的情况,而且这些情况并非我们主动选择的,而是强加在我们身上的。

一个解释只要能使人以某种方式应对当时的情况,就足够详细了。

如果你的目的是选择适宜的行动,那么把它建立在一个不太可能出错的笼统解释的基础上,比把它建立在一个很有可能出错的详细解释上,要保险得多。

所谓的目标,是一个能涵盖列表中所有条件的临时名字。

只有具名概念能引起人的行动。

第五章
思考的基本过程

完整的思考似乎包含了极其复杂的过程。但是，即便是最复杂的过程，也可以拆分成非常简单的步骤。例如，计算机能解决复杂的数学问题，将人类送上月球，但是如此复杂的计算机却以一个开关为基础，而这个开关简单到只能判断是或否。凡尔赛宫是由一块又一块的石头砌起来的。复杂的人体组织建立在一些相当简单的化学反应的基础上。同样，复杂的思考也可以看作是两个简单的基本过程的结果："继续"（carry-on）和"连接"（connect-up）。这两个简单的过程直接由大脑发起。我们可以把大脑看作一个充满记忆的神经网络，它管理着流动于大脑表层的活动模式。我在《思考的机制》一书中描述了此类系统的行为。这种系统简单得出人意料，但是它们和计算机一样，能做出复杂而巧妙的行为。

≫ 继续

"继续"的意思就是持续下去。如果你走在路上,"继续"意味着沿这条路接着走。如果你在背字母表,已经从A背到了F,继续意味着接着背G、H、I……如果你唱"杰克和吉尔上山去……"这首童谣唱到了一半,那么继续意味着一直唱到最后。当你要描述一个人的时候,你可能会先谈起他红色的头发和蓝色的眼睛,这时继续意味着接着描述他高高的鼻子和像花椰菜一样的耳朵。继续指的是把已经开始的事做下去。

继续的对象是不可或缺的。也就是说,路、字母表、童谣或者你要描述的人必须是真实存在的。在思考中,这个"对象"就是记忆模式。一旦开启了一个模式,就要继续下去,直到最后。而所谓的记忆模式,其实就是一连串想法。因此,在黑筒实验中,参与者可能会从沙漏想到时钟,或者从老鼠想到老鼠爬上台阶去找食物。

继续是一个非常简单的过程,它发生于所有的记忆系统,当然不仅限于人类思维。它仅仅意味着想法接连出现。

>>> 连接

继续指的是从一个想法移动到下一个想法,与下一个想法是什么无关。而"连接"意味着你先想到两个不同的想法,然后设法把二者连起来。你也可以把连接称为"联系""填补空缺""弥补间隙"等。例如,碎裂的金鱼缸和地毯上的爪印可以由"猫"这个想法连接起来。假如你在开车时车子突然向右打滑,你就可以用"爆胎"这个想法把车子平时的状况和眼下的异常状况连接起来。

通常情况下,连接是顺理成章的,以至于你甚至意识不到间隙的存在。我们可以借助幽默来清楚地说明连接的过程,因为只有建立起连接,你才能理解笑点。

一个爱尔兰人穿了一只红袜子,一只绿袜子。

"你这双袜子可太少见了。"一个英国人说。

"并没有——我家里还有一双一模一样的。"那个爱尔兰人说。

问:如何折断一个纽芬兰人的手指?

回答:打他的鼻子。

在第一个例子里，建立连接是很容易的。一旦建立起连接，这整个故事和人们对爱尔兰人的传统印象，既风趣又古怪，就也连接起来了。因此，这是一个双重连接过程。

在第二个例子里，一般人很难领会其中的笑点。一方面是因为鼻子被揍一拳和手指断掉之间的联系并不明显。另一方面是因为一般人不了解其他加拿大人对纽芬兰人的传统印象。在他们的印象里，纽芬兰人总是在用手指抠鼻孔。这个笑话之所以没把人逗笑，是因为这两者之间的距离太大了，几乎根本没有联系，除非你恰好是个加拿大人。

移动

如前所述，思考就是从一个想法移动到另一个想法。在继续的过程中，随着想法接连出现，这种移动便自然而然地发生了。移动之所以发生，是因为我们的想法已经被过去的经验串成了某种链条。凭借经验，你认出走廊上的脚步声是老板的，所以继续从脚步声想到老板要来看看你在干什么。也就是说，在继续的过程中，移动是自然发生的，人在某种意义上是以往经验的奴隶。

但是，在连接的过程中，我们可以先设定两个想法，然后设法把它们连接起来，从而刻意制造移动。通常情况下，我们并不会设定两个想法，而是只设定了一个，然后把它和当前的状况连接起来。例如，我已经在剑桥了，然后我设定了"伦敦"这个想法，那么两者之间的连接就是："我如何到那去？乘火车。"

要想呈现这一连接过程，一个非常简单的方法是从词典里随机获取一个词，然后把它和你想要解决的问题连接起来。乍一看，把一个随机词和具体问题连接起来似乎是不可能的，但实际操作起来往往非常容易，以至于我在讲座上使用这种方法时，会有听众质疑我的词和问题都是事先选好的。

问题：缓解城市交通拥堵的状况。

随机词：肥皂。

连接：

1. 肥皂摸起来很滑……为使道路变得畅通，可以取消路边车位，拆除公共汽车站和红绿灯……设法使在城里开车变得更方便，但不要做太多无关的事……只允许在特定区域停车。

2. 肥皂的作用是去污……去除居民区和商场附近的交通"肮脏"区（车辆密集区域）。

3. 肥皂会越用越小……设计一个系统，改变使用频率高的道路……要么把它变得更宽，更易于使用……要么变得更崎岖，不便于行驶……设计一个自动调节系统，提高道路本身的使用率，或抑制更多使用。

▶▶ 问题与提问

在继续的过程中，移动并不能带你去你想去的地方。你只是被动地"跟随"由经验建立起来的模式。但是，在连接的过程中，你可以去任何你想去的地方。一旦确定了想去的地方，你就可以把它设定为"目的地"，然后把你的起点和这个目的地连接起来。这个过程就像对照地图，找到从你的所在地到目的地之间的路线。

解决问题时，表述问题就相当于描述预期的目的地。"城市交通不拥堵""一个能使黑色圆筒翻倒的机制""洗掉了墨渍的裤子"都是目的地。你可以将这些问题表述为："解决城市交通拥堵问题""解释黑色圆筒为什么会翻倒""去除裤子上的墨渍"。

显然，以上所有问题也可以通过提问来表述："如何解决城市交通拥堵问题？""黑色圆筒为什么会翻倒？""我该如何去除裤子上的墨渍？"因此，在提问时，我们的意思其实是："我该如何到达目的地？"或者"告诉我如何到达目的地。"这些其实都只是换了种方式说"把我已知的东西和我想知道的东西连接起来"。

跳跃式前进

先提问再连接的推进技巧对思考产生了巨大的影响，因为它为思考指明了方向。通过提问，你可以移动到你想去的地方，而不仅仅是沿着由经验建立起来的模式前进。但是，要想利用这种技巧，你必须能确定连接的终点。确定终点就是提问，也就是确定你想要到达的目的地。

已知目的地与未知目的地

当你明确了想去的地方时，到达那里就不再是件难事。有趣的是，目的地（即问题，也即连接的终点）实际上是通过继续的过程确定的。例如："我需要一套新西装，我的西装都是伦敦的一位裁缝做的——怎么去伦敦？"或者："有人让我解释黑色圆筒翻倒的原因——黑色圆筒为什么会翻倒？"

如果你不知道自己要去哪里，那就难办了。"怎么去一个阳光明媚的地方？"和"怎么去伦敦？"可不一样。当你不确定连接的终点时，你该如何设定终点呢？答案就是面糊词，我们先前已经遇到过这个概念。

面糊词

面糊词虽然没有意义，但是用处很大，我们可以用它来提出模糊的问题。也就是说，即使没有明确的目的地，也可以提问。在前面"怎么去一个阳光明媚的地方？"这个例子中，我们就用面糊词"某个地方"提出了一个问题，尽管它远不如"怎么去马略卡岛？"这种说法明确。同样，我们也可以问"使黑色圆筒翻倒的是什么机制？"下面列出了一些有用的面糊词：

机制

装置

东西

安排

设备

某物

物体

某个地方

目标

当我们说"目标从空中掠过,它长着五条腿"时,其实就是说"我们要找的东西从空中掠过,它长着五条腿"。"目标"一词还可以用于解释:"他突然离开,肯定是因为目标出现了。"这相当于说:"他突然离开,肯定是因为我们要找的东西出现了。"

"机制"这个面糊词也有以下几种不同的用法:

"使圆筒翻倒的是什么机制?"(提问)

"圆筒翻倒是因为里面的某个机制。"(解释)

"你一按开关,触发某个延时机制,圆筒就倒了。"(用作黑匣子)

面糊词和黑匣子一样,都是对无知的利用。黑匣子使我们能够在不了解工作原理的情况下利用某个机制;

面糊词使我们能够在不确定自己在说什么的情况下做出明确的表述，或提出明确的问题。这类含义模糊的面糊词在思考中扮演着极其重要的角色。

>>> 人类比动物更愚蠢

人类之所以比动物更聪明，可能只是因为我们更愚蠢。这就是矛盾所在，人类思维比动物更深刻，只是因为我们的基本思考过程没有动物那么精确。

近视的母鸡

人们通常认为差视力不如好视力，所以视力好的母鸡肯定比近视的母鸡活得好。事实却不一定如此。如果你在铁丝栅栏后面撒一些谷粒，然后把母鸡放在栅栏前。视力好的母鸡会立刻看到栅栏后的谷粒，直奔过去。它会被栅栏拦住，眼前的谷粒是如此清晰而诱人，使它不再有别的想法，一心只想越过栅栏。

然而，如果被放到铁丝栅栏前的是一只近视的母鸡。它会因为视力太差而看不见栅栏后的谷粒。它只能漫无目的地到处乱转，直到偶然踩中谷粒，然后饱餐一顿。

在这个故事里，视力好的母鸡因为看得清楚，所以立即步入了一条明显的行动线，而近视的母鸡因为眼前模糊，没有立即采取行动，才使问题得以逐步解决。

感冒的狗

一个小棚子里放满了锅碗瓢盆。当你把一只嗅觉灵敏的狗放进棚子里时，它会立刻嗅出哪个盘子里盛着肉，直扑过去，不会把棚子里弄得乱七八糟。

在另一种情况下，当你把一只因感冒而鼻塞的狗放进棚子里时，它会因为嗅觉不够灵敏而浪费时间，这里嗅一下，那里闻一下，打翻地上的盆盆罐罐，试图找到它只能隐约闻到味的肉。最后，它也成功找到了。

我们再假设那只嗅觉灵敏的狗被锁在了棚子里，这次它并不饿，只是想出去。它会花很长时间才能找到可以钻出去的洞。但如果被锁在棚子里的是那只感冒的狗，它立刻就能找到洞口，因为第一次进来的时候它四处乱转，经过了那个洞口，记住了位置。

和上一个例子一样，因感官敏锐而立即投入行动的狗最后反而处在了不利的位置。

卷心菜和国王

敏锐的感官和机敏的头脑意味着良好的分辨能力，这似乎是一个非常明显的优势，但是就像前面提到的视力好的母鸡和嗅觉灵敏的狗一样，这个优势也可能会变成劣势。良好的分辨能力意味着一个人能迅速而清楚地辨别事物，而不会有任何混乱产生。你瞬间就认清了眼前的特殊情况（谷粒或肉），立即做出了适当的反应。行动紧随识别之后。你对情况的识别越准确，行动就越迅速。卷心菜和国王在人们眼里有天壤之别。你见到卷心菜的反应和见到国王的反应是截然不同的（参见图5-1）。

在思维敏锐的人看来，确实是这样的，但在分辨力极差的人看来，一切都是模糊的。在分辨力极差的人看来卷心菜和国王没有什么区别，二者看起来都是"模糊不清"的一团，所以对二者的反应也应该是一样的。在分辨力极差的人这里，卷心菜和国王没有被区分开，而是都被归在了"大团东西"这一模糊术语之下。积累大量经验之后，思维模糊的人终于分清了卷心菜和国王，还为二者分别取了恰当的名字。但是"大团东西"这个模糊术语留了下来，并且仍然包含卷心菜和国王——尽管它们已经有了专有名字。

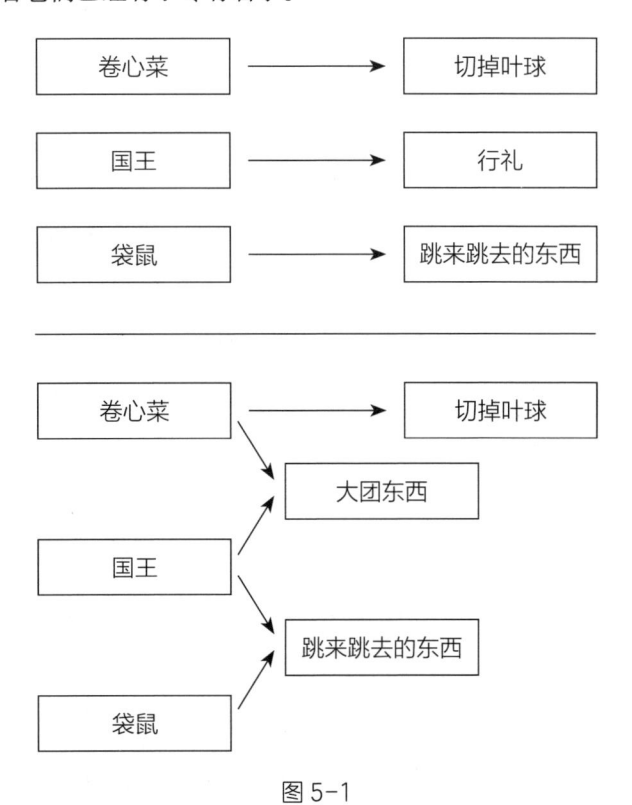

```
卷心菜 ——→ 切掉叶球

国王   ——→ 行礼

袋鼠   ——→ 跳来跳去的东西
```

```
卷心菜 ——→ 切掉叶球
       ↘
         大团东西
       ↗
国王
       ↘
         跳来跳去的东西
       ↗
袋鼠
```

图 5-1

在混沌的大脑里,总是先出现模糊的类别,然后这个类别才被分解成更具体的事物。此外,由于分辨力太差,同一个事物可能会在不同的情况下被列入不同的类别。例如,在一种情况下,卷心菜和国王可能都属于

"大团东西"。但在另一种情况下，国王可能会和袋鼠一起被归为"跳来跳去的东西"，而这个思维模糊的人甚至没有意识到此国王和彼国王其实是同一个国王。不过，即使是思维模糊的人，最后也会意识到袋鼠有尾巴、国王戴王冠、卷心菜是绿色的，从而把三者区分开。但是模糊的大类别（大团东西、跳来跳去的东西）将会持续存在。

》》交叉连接（Cross-link）

模糊的大类别（大团东西、跳来跳去的东西）当然都属于我们现在已经非常熟悉的面糊词。这些模糊的大类别有一个用处极大的功能，即通过提供交叉连接使我们能够从一个想法移动到另一个想法。思维敏锐的人能立刻区分卷心菜和国王，对他而言，二者之间不存在任何连接。见到国王时，他会做出一种明确的反应；见到卷心菜时，他会做出另一种明确的反应。两种反应不可能颠倒，他也不可能回避已经确立的反应：向国王行礼和切掉卷心菜的叶球。但是，对头脑混沌的人来说，因为他一开始（在深入了解之前）把卷心菜和国王都当成了大团东西，所有二者之间存在交叉连接。也正因如此，他可以借助这种交叉连接从其中一个概念移动到另一个概念。

敏锐的大脑里会形成一系列平行通道，因为每一个特定情况都会引起一种特定反应。但是在混沌的大脑里，存在着由模糊的面糊词构成的各种各样的交叉连接。这意味着思维敏锐的人只能做出固定的反应，而思维模糊的人却能进行大量"思考"，因为他的思维会在不同的想法之间转换。（例如，他会想，既然卷心菜和国王都是大团东西，为什么不砍掉国王的头呢？[1]）

正统哲学家总是对人脑所具有的绝妙的抽象能力赞不绝口。这意味着人脑能从众多不同的事物中提取出一个共同特征。这个共同特征随即会被赋予一个巧妙的名字，变成一个抽象概念（比如团状物、跳跃性）。这种抽象能力使大脑看起来非常奇妙。但有时候，事实似乎与此恰恰相反。我们的大脑没有敏锐到能创造抽象概念，而是一片混沌，所以只能先形成面糊词一样的概念，然后再将其分解成具体的事物。换句话说，抽象概念并不

---

[1] 叶球和头在英语中都是 head。

是通过神奇的提取过程产生的，而是先以面糊词的形式存在，随后才被分解了。

婴儿刚学会说"爸爸"时，显然所有会动的东西都是他的爸爸。后来，这个范围缩小到了人类。再后来，他只对男人喊爸爸。最后，爸爸这个词才指向了唯一的真爸爸。婴儿需要很长时间才能走完这个模糊的过程，而有些动物在出生后一个小时内就能准确无误地认出自己的父母。康拉德·劳伦兹（Konrad Lorenze）曾经做过一场实验，他四肢着地爬行，嘎嘎叫了几声，立刻就被几只刚孵化的小绿头鸭永久性地认成了妈妈。这说明动物的这种辨别能力并非本能，而是后天习得的。

正因为人类大脑是模糊的，婴儿才需要很长时间来学会走路和成长。很多小动物（比如鹿、马和其他群居动物）几乎"刚出生就能走会跳"。它们生来就具备某些本能反应，不需要学习。

动物拥有敏锐的感官和机敏的头脑，使它们能清楚地分辨事物，也因此具有快速学习的能力。快速学习有赖于良好的辨别能力。只有模糊和混乱能减缓学习的速度。

因此，我们最终得出了一个怪异的结论：人类的思维能力之所以比动物强,是因为人的大脑是模糊的,而动物的大脑是清晰而敏锐的。

>> 乌龟赢得比赛

思维敏锐的好处是你能够快速做出反应。如果没有故意放置的铁丝栅栏,视力好的母鸡肯定会在近视的母鸡行动之前找到谷粒,饱餐一顿;嗅觉灵敏的狗会在感冒的狗接近肉之前把肉吃光。因此,在竞争激烈的世界里,思维敏锐、行动迅速的动物比思维模糊的动物更有可能存活下来。同理,比起需要无助地跌跌撞撞多年才能学会养活自己的动物,那些生来就具备行动能力的动物会有更高的生存率。

但如果——以某种方式——思维模糊的动物活下来了,它们最后一定会实现反超。思维敏锐的动物形成了一些快速而有效的反应模式,最终困囿于这些模式。思维模糊的动物则会用面糊词一样的概念四处试探,在不同的想法之间移动,也就是我们所说的思考。

小结：面糊词

我在前几章的不同地方都提到过"面糊词"这个词，在此对它的作用进行总结。

面糊词是一些毫无意义的词。但正因为它们没有意义，才能在思考中发挥如此巨大的作用。作为连接词，它们使我们能够在不同的想法之间移动。如果没有这类词，就没有了直接通往另一个具体想法的踏脚石，思考就会走进死胡同。面糊词的各种作用如下：

（1）当没有足够的信息来提出具体的问题时，我们可以用面糊词来提出模糊的问题。

（2）当无法提供更多的细节时，我们可以用面糊词做出有效的解释。

（3）在不同的想法之间移动时，面糊词可以发挥交叉连接的作用。

（4）面糊词可以充当黑匣子，帮助我们跳过我们不了解的领域，继续思考。

（5）面糊词能防止我们过早对某个具体想法采取行动，从而尽可能地保留选择的余地。

矛盾之处在于，面糊词明明源于无知，最后却成了极其有用的思维工具。

奇怪的是，数百年来，西方的智识传统一直偏好明确的概念，反对使用面糊词（东方并非如此）。知识分子思维敏锐，但他们提出的概念一成不变，就像自然界里思维敏锐的动物的反应一样。鲜有人注意到，提出新的笼统概念并把它们变得更加具体的，是那些思维模糊而富有创造力的人。思维敏锐的人永远提不出新想法，因为他们从不会把事情打乱，也从不犯错，完全困囿于既定的想法。人类大脑的优势是创造力，而创造力源于模糊性，但奇怪的是，我们总是强调思维的敏锐性。敏锐的思维的确至关重要，但是它只能改进、发展和使用想法。电脑无疑也能进行敏锐的思考，所以这些电脑也做得到。但要产生新想法，只能靠模糊的思维。

> 黑匣子使我们能够在不了解工作原理的情况下利用某个机制；面糊词使我们能够在不确定自己在说什么的情况下做出明确的表述，或提出明确的问题。
>
> 思维敏锐的动物形成了一些快速而有效的反应

模式,最终困囿于这些模式。

鲜有人注意到,提出新的笼统概念并把它们变得更加具体的,是那些思维模糊而富有创造力的人。

思维敏锐的人永远提不出新想法,因为他们从不会把事情打乱,也从不犯错,完全困囿于既定的想法。

第六章
五种错误

一些典型错误是思考过程中的自然产物。这些错误无可避免，因为它们是由大脑的工作方式直接引起的。一个人在进行有效的思考时，一定会犯这些错误，就像汽油发动机一定会产生废气一样。本章概述了其中五种基本的错误。这几种错误是如此普遍，以至于在黑筒实验中，34%的具体解释犯了同一种错误。考虑到实验参与者都受过高等教育，这一比例之高是出人意料的。

>>> 第一种错误：单轨错误（Monorail Mistake）

"小猫在外面淋了雨，浑身湿透了。我要把它放进甩干机里转几分钟，因为我妈妈就是这么甩干湿衣服的。"一个小孩说。小猫被甩得晕头转向，但好在从这个单轨错误中活下来了。

"这些药片是红色的,肯定很甜。"小孩说着,从浴室柜里拿出了一把补铁药片。

1859年,澳大利亚一个叫托马斯·奥斯丁(Thomas Austin)的人说:"野兔是一种很好的猎物,我们从英国引进一些吧。"他引进了24只野兔,但因为它们繁殖得太快,最终造成了数百万英镑的损失。

当你沿着一条轨道从一个想法直接移动到另一个想法时,就犯了单轨错误。

湿了——甩干机

红色——甜的

打猎——兔子

因外物斜靠而翻倒

当你把某个东西斜靠在圆筒上时,它可能会翻倒。因此,有的人会直接从"把某个东西斜靠在圆筒上"想到"它会翻倒"。又因为没有看到任何东西从外面靠在圆筒上,就想到"在圆筒里面肯定有某个东西靠在了它的内壁上"。

根据某位参与者提供的解释,圆筒内盛满了黏稠的糖浆,正中间插着一根非常重的杆子,杆子的底端是尖的。它缓慢地穿过糖浆,最终靠在筒壁上,将它推倒。

（示意图见图 6-1）

在另一位参与者的解释中，几根杆子逐一靠上圆筒的内壁，直到积累了足够的重量，将它推倒。（示意图见图 6-2）

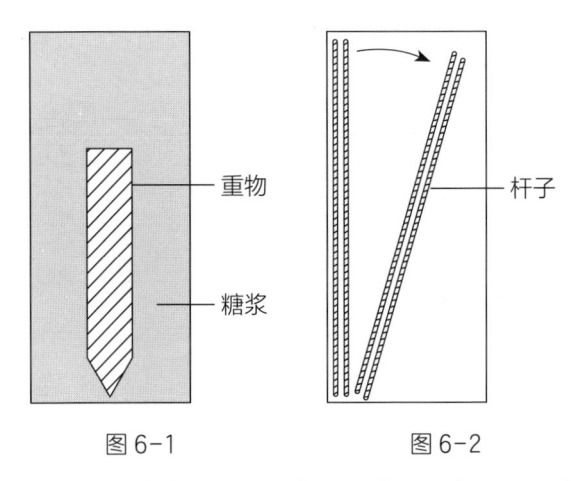

图 6-1

图 6-2

还有一些类似的解释，但很可惜，它们通通不起作用。从"某个重物斜靠在圆筒外壁"直接想到"某个重物斜靠在圆筒内壁"，就像单轨列车从起点直接开到了终点一样，忽略了中间的一个重要事实，即靠在外壁上的重物是独立于圆筒的，而靠在内壁上的重物本身压在筒底上，所以不可能将它推倒。图 6-3 中的一系列示意图呈现了一例典型的单轨错误。一个形状如 a）图所示的

a)　　　　　b)

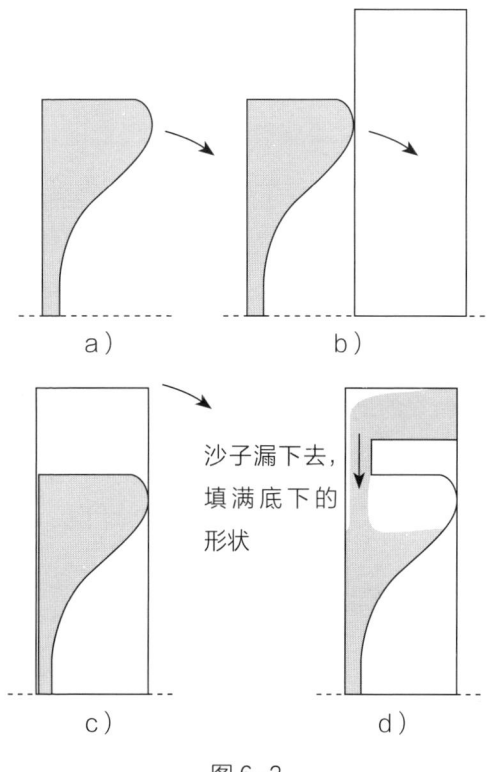

沙子漏下去，填满底下的形状

c)　　　　　d)

图 6-3

物体肯定是站不稳的，会自动倒向右边。因此，如果我们把它靠在圆筒的一侧，如 b）图所示，它就会把圆筒推倒。那么，如 c）图所示，当这个物体被放在圆筒里面时，它一样会把圆筒推倒。考虑到圆筒是在隔了一段时间之后才倒的，这个头重脚轻的物体就需要慢慢形成。

假设在圆筒里面靠上的位置放一层隔板，再在隔板上平铺一层沙子，因为重量均匀，所以暂时不会把圆筒弄倒，如d）图所示。但如果我们让沙子慢慢漏下来，形成一开始a）图中的形状，那么这个圆筒最后肯定会被推倒。这个解释从"一个头重脚轻的物体斜靠在圆筒外壁"直接移动到了"它斜靠在圆筒的内壁"，又直接移动到了"这个头重脚轻的物体是逐渐形成的"，完美呈现了一个双重单轨错误的例子。如果这个头重脚轻的物体能把圆筒推倒，那么圆筒一早就倒了，因为隔板上的沙子已经使圆筒头重脚轻了，根本不必等沙子漏到下层。

因重量向一侧移动而翻倒

这是黑筒实验中，参与者所犯的另一种单轨错误。当船两边坐的人一样多时，它会保持平衡，但是当所有人移动到同一边时，船就会翻。当托盘两边放的食物一样重时，它会保持平衡，但是当你把所有食物都放在同一边时，就会将它打翻。如果你在一摞书上又放了几本书，而且都放在同一边，那么这摞书也可能会倒塌。

在黑筒实验中，5.6%的参与者在解释中直接指出，圆筒翻倒是因为"重量向一侧移动了"。他们对"重量转移"会导致圆筒失去平衡这个想法深信不疑,以至于一些解释(参见图6-3,图6-4)只说明了重量从一边移动到另一边的过程。在图6-4的b)图中,液体从一个半满的容器流进另一个半满的容器,造成一边空而另一边

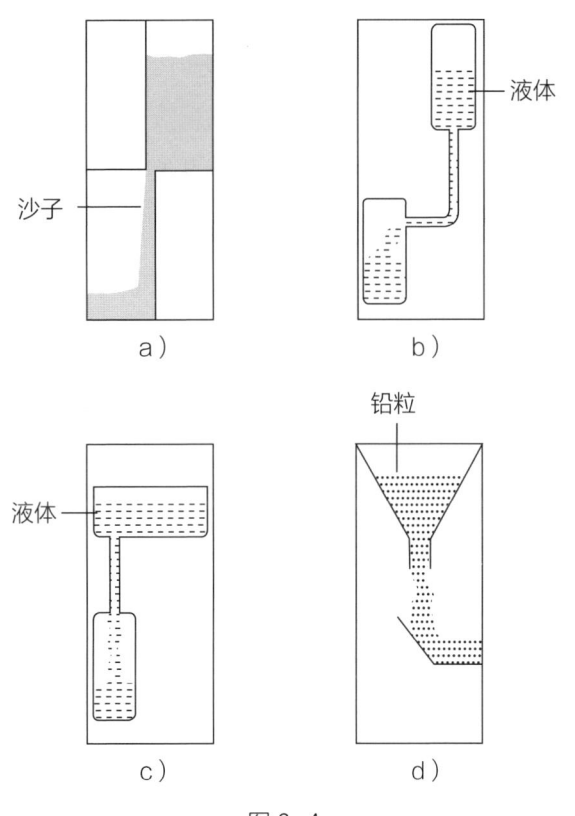

图6-4

满的结果。在其他很多解释中，重量一开始也是均匀分布的，然后逐渐向其中一侧转移（参见图6-4）。水、沙子和铅粒都被用来实现这种缓慢的重量转移。

上述解释全部犯了单轨错误。重量分布不均或向一侧移动的确会导致物体失去平衡，这才使人们直接产生了"重量转移会使圆筒翻倒"的想法。但是他们忽略了一个重要事实，即只有当重心最后落在了底面之外时（比如斜着摞的书），或者当物体一开始就是因为重量均匀分布才能保持平衡时（比如船或跷跷板），重量的移动才会导致物体失去平衡。因此，除非圆筒的底不是平的，而是圆的，这些解释才会产生效果。

因头重脚轻而翻倒

这也是一种单轨错误。众所周知，所有头重脚轻的物体都会失去平衡，倒向一边。事实上，"头重脚轻"这个词本身就意味着站不稳。因此，就像单轨列车从起点直接开到终点一样，有些参与者从"头重脚轻"直接想到了"翻倒"。在他们看来，只要把圆筒变得头重脚轻，它就一定会翻倒。

"圆筒翻倒是因为它变得头重脚轻了。"

"某个东西从圆筒底部向上移动,导致它头重脚轻,所以失去了平衡。"

"因为内部质量分布发生了变化,使圆筒变得头重脚轻。"

"圆筒里有个很重的东西慢慢往上移动,导致它头重脚轻。"

"圆筒里有个东西在往上移动,所以它最终失去了平衡。"

"圆筒里盛有某种液体,蒸发后进入位于圆筒顶部的隔层,在这里重新液化,导致圆筒头重脚轻。"

(当然,如果一个物体变得头重,那么它的底部会相对变轻。)

"圆筒翻倒是因为它的底部变得越来越轻。"

在黑筒实验中,13%的具体解释认为圆筒翻倒的原因是头重脚轻。

他们设想了各种各样的装置来把重物移动到圆筒的顶部:引诱老鼠爬上台阶找食物,电动机和起重机,液体蒸发后进入上层重新液化,将液体煮沸(和在咖啡渗滤壶里一样），使昆虫聚集在圆筒顶的灯周围，等等。这些方法都犯了单轨错误，下面这种是其中最有趣的例子之一（参见图6-5）。

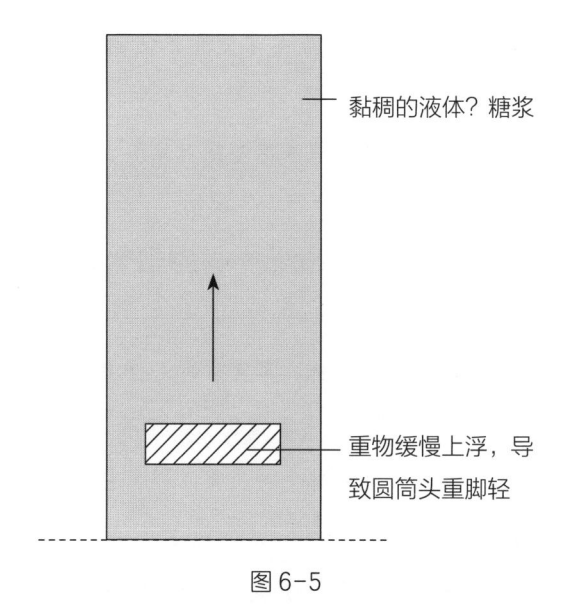

黏稠的液体？糖浆

重物缓慢上浮，导致圆筒头重脚轻

图6-5

圆筒里盛满了某种黏稠的液体，一个密度略低于这种液体的重物慢慢浮到圆筒顶部，导致它头重脚轻。这里单轨错误的特征很明显：从"把圆筒变得头重脚轻"直接想到"把一个重物移动到顶部"；从"重物缓慢移动到顶部"直接想到"使它浮上去"。事实上，浸在液体里的物体只有轻于液体，才会上浮（例如，软木塞和气泡之所以能在水里浮起来，是因为它们比水轻）。如果该物体比液体重，就会下沉。因此，一个物体能上浮，说明它实际上比周围的液体更轻。在这种情况下，移上去的并非"重物"，而是"轻物"，圆筒自然也就不会头重脚轻。单轨错误看似匪夷所思，实际上犯错概率很高，因为从"重物移动到顶部"直接想到"使它浮上去"，忽略了一个重要事实，即如果物体能上浮，它就不能算是"重物"了。

把头重脚轻当成圆筒翻倒的原因，这个想法本身就犯了单轨错误。头重脚轻的物体的确立不稳，但它立不稳的原因并不仅仅是因为头重脚轻。除重心较高以外，它还必须往一边斜，使重心落在底面之外。或者它的底面不是平的，而是圆的，这样圆筒就会倾斜，直到它的重心落在底面之外。如果存在这种斜度，那么重物向上移动最终就会使圆筒失去平衡。

这种单轨错误从"头重脚轻"直接想到了"立不稳"，忽略了中间的必要条件：倾斜或底面是圆的。

因重量上移且偏向一侧而翻倒

这种单轨错误结合了前面两种。在这种情况下，重量不仅向上移动到了圆筒顶部，而且偏向一侧。

"一个与圆筒底面中心不一致的物体逐渐向上移动，直到重心偏移导致圆筒翻倒。"

"重物沿一侧逐渐从圆筒底部上升到顶部。"

"一个（用电池供电的）发动机把重物拉到了顶部——偏离中心——导致圆筒失去平衡。"

实验参与者提出了各种把重物移动到顶部且偏向一侧的方法，其中包括：把梯子斜靠在圆筒内壁上，让一个小矮人爬上梯子；在圆筒内壁上钉一列钉子，最高处放一块奶酪，诱使老鼠爬上去；利用电动发动机转动一根带螺纹的杆子，把重物转到顶部；用加热盘管在圆筒下层将液体煮沸，迫使它进入上层，就像咖啡渗滤壶一样。

因重心偏移而翻倒

很多解释（15%）仅仅指出"重心移动了"。他们想当然地认为如果圆筒是稳定的，那么只要重心移动了，它就会翻倒。这明显犯了单轨错误：从"重心移动"直接移动到"失去平衡"。这中间忽略了重心移动使物体翻倒的先决条件（比如突出、倾斜、圆底，以及其他任何能使重心落在底面之外的情况）。

"利用延时弹簧装置改变重心。"

"重心的偏移。"

"利用某种机制改变气压，引起温度变化，继而改变重心。"

"重心移动了。"

"圆筒内有沙子，重心随着沙子下流而移动。"

单轨错误是一种常见的错误

思考本身就是从一个想法移动到下一个想法的过程，在这个简单的移动过程中，人们往往会忽略原始情况中的其他因素，因此人们极容易犯单轨错误。当两个因素合起来能产生某种效果时，我们很可能会只取其中一个因素，却期待产生同样的效果。例如，孩子看到妈妈炸薯条后，可能会自己动手把平底锅放到炉子上，加入土豆条，忽略了还要用油。同理，仅用重量转移来解释黑筒翻倒的原因，本身也是不充分的。

从某种程度上来说，犯单轨错误是因为思维过于简单。"税收制度不公平——那就废除税收制度。""我们想涨工资——那就罢工吧。""老师负责上课——所以老师是最了解教学的人。""教授都很聪明——所以他们说的一定是对的。"所谓单轨错误，就是忽略所有限定因素，认为一个想法必然通向另一个想法。当然，如果一个人根本想不到任何限定因素，那么他别无选择，只能将其全部忽略。因此，面对一个犯了单轨错误的人，你很难说服他去考虑其他因素，因为你无法否定他的逻辑。"头重脚轻的东西确实会倒——你能否认这一点吗？"

≫ 第二种错误：量级错误（Magnitude Mistake）

这是第二种直接由大脑的工作方式引起的主要错误。我们从一个想法移动到另一个想法时，有时只看概念的名字，会觉得这种移动是正确的，但是一考虑到量级，就会发现它是错的。这就是犯了量级错误。

"妈妈，爸爸刚才钓到了一条鱼，你不用准备晚饭了。"

"我们将派更多警察去巡逻，消除街头的犯罪行为。"

从"鱼"想到"把鱼当成晚饭"是合情合理的，但如果爸爸钓到的是一条 5 厘米长的小鱼，那么量级就完全错了。同样地，增派警察确实有利于打击犯罪，但是增派 3 名警察产生不了太大的影响，至少要增加一倍以上的警力。

在黑筒实验中，量级错误经常出现。

"所有人同时拿起笔时带起了一阵风，把黑筒吹倒了。"
"门口吹来的风——这显然是个根本原因。"
"风扇和投影仪的震动使它失去了平衡。"
"沉重的脚步震动地面，把圆筒震倒了。"
"讲师在讲台上往后退时，把桌子震晃了。"
"大家的笑声使它失去了平衡。"
"你趁人不注意把它推倒了。"

其他例子还包括让昆虫聚集在圆筒顶部的灯周围，导致圆筒头重脚轻，以及在 30 厘米外放一块磁体，把圆筒拉倒。

如果量级合适，那么以上所有解释都能成立。如果量级不对，那么这些解释都不可能成立。一阵强风可以吹倒一个很轻的圆筒，或者一个本身就只能勉强保持平衡的圆筒。但事实是，现场并没有刮过足以令人感受到的风，而且圆筒很重，倒下时声音很大（好几名参与者都听到了）。此外，圆筒是被人随意放在桌上的，并没有为了使它只能勉强保持平衡而刻意摆放。而且，即使所有人在同一时间拿起笔，也不大可能产生任何强度的风。

地面是坚硬的水泥地面，讲台也非常沉，所以走路只能引起轻微的震动。风扇和投影仪距离圆筒约4.5米远，而且投影仪在另外一个桌子上放着，所以它们的震动也不大可能晃倒圆筒。讲师几乎不可能保证他走过去推倒圆筒的时候，恰好所有参与者的注意力都不在他身上。一群小虫子提供不了多少重量。要想在30厘米外发挥作用，磁铁的磁性必须非常强，仅用一块手电筒电池给它通电是不够的。

在以上所有例子中，效果的名字都是对的，但量级都是错的。磁铁确实能隔空吸引另一个物体，但二者的距离必须非常近才行。儿童在思考的过程中经常犯量级错误。当被问到如何快速盖房子时，一个孩子在设计图里画了一个人，他站在房顶上，手里拿着一块磁体，把卡车上带有磁性的砖直接吸到房顶。在另一个孩子画的苹果采收机设计图中，每棵苹果树下都埋了一块磁铁，每个苹果上都贴了一个金属标签。只要启动磁体，苹果就会受到吸引，自动掉到地上。

一天晚上，一个人打算从伦敦步行去利物浦。你告诉他这是不可能的，但是他指着路标说："这就是去利物浦的路，不是吗？"你不能说这条路是错的，只能说距离太远了。同理，在量级错误中，思路本身没有任何问题，只不过量级错得离谱。

抽象概念

在有直接经验的情况下，人们不大可能犯量级错误。例如，一个木匠看到一块木头，立刻就会知道"它能承受我的体重"。儿童之所以经常犯量级错误，就是因为他们对自己所画的内容没有直接经验，只是简单地把几个具名概念组合在一起。

思考通常是超前的，而不是对当下场景的描述。因此，在思考的过程中，我们可能会以并未亲身经历过的方式把具名概念组合在一起。这使得我们经常犯量级错误，尤其是涉及爱、权力、正义、动乱、惩罚、恐惧、贪婪等抽象概念的时候。"爱能克服一切。"但是要克服露天厕所、没有热水和沉迷酒精无心工作的丈夫,需要多少爱呢?"控制饮食就能减肥。"也许吧,但是要控制到什么程度?持续多长时间?"处罚是维护法律和秩序的最佳方式。"但是罚到什么程度呢?

计量单位

计量单位是我们为避免犯量级错误而刻意创造的工具。"往一杯水里加一茶匙洗发水"和"往水里加洗发水"的意思完全不一样。我们还发明了计数法,从而把连续不断的数量截成独立的部分,并为之命名。4千克重的圣诞火鸡和6千克重的圣诞火鸡不能相提并论,二者之间的差别就像红裙子和蓝裙子一样大。利用数字和单位,我们可以把一个具名概念分成多个不同的具名概念。一位母亲不会冒着犯量级错误的风险在圣诞节订购"一只火鸡",而是会订购"一只4千克重的火鸡"。就像人们去咖啡馆的时候,想喝咖啡就点咖啡,想喝茶就点茶,而不是说我要"饮料"。

如果没有数字,那么说"爸爸钓到了一条鱼,我们可以把它当成晚饭"就没有问题。如果爸爸确实钓到了一条足够大的鱼,这么说就是对的,但如果爸爸的钓鱼技术不太好，这么说可能就会大错特错。但是，如果这个孩子一开始说的是"爸爸钓到了一条50克重的鱼"，那么很明显，虽然人们会从"鱼"想到"晚饭"，但是不可能从"50克重的鱼"想到"晚饭"。

名字不等于计量单位

问题是，在大多数情况下，不存在可用的计量单位，或者根本没有计量方法。战争、组织、社会正义、美貌、急躁、敏感、无聊、幸福等的单位是什么呢？疼痛是所有人都不能避免的，但我们也才刚刚开始制定测量它的方法，以比较不同止痛药的效果。

当然，我们可以用形容词来表达量级。但因为形容词是相对的，所以这么做几乎毫无意义。当你说"你不能把一条大鱼放进那条小船"时，它的含义就非常模糊。大鱼指的是多大的鱼？是这附近鱼类里的大鱼，是一般意义上的大鱼，还是6米长的鲨鱼那样绝对的大鱼？如果这句话的意思是你不能把一条大到放不进船里的鱼放进船里，那么它无异于一句废话。

形容词只能修饰它所描述的对象，并不是独立的量级标志，如：这附近鱼类里的大鱼，一般意义上的小船，等等。

母鸡会下蛋,但不可能下鸵鸟蛋。如果不同量级的东西被赋予完全不同的名字,那么人们就可以把不同的量级视为完全不同的东西,从而避免量级错误。例如,我们可以把裙子分为超长、长、短、超短;也可以用距离地面几厘米或膝盖以上几厘米来表示;再或者,我们可以分别称之为迷你裙、中裙和长裙。同理,在谈论葡萄酒时,我们可以用具体的容量或重量来进行区分,也可以给不同容量的瓶子取不同的名字:标准瓶、马格南瓶、细颈大瓶、以色列王瓶、玛士撒拉瓶。

问题是,我们有很多事物还没有根据量级取名字,比如爱、正义、权利,关于这些事物我们都只有简单的概念。这意味着我们一直在犯量级错误。如果(英语)像希腊语那样有七个不同的词来表示爱(love),那么犯错的概率也许会小很多。即使只将其区分为小爱、中爱和大爱,也有助于减少量级错误。在被问到"如果你晚上坚持要躺在床上看书,你还怎么能爱我呢"时,你就可以回答:"我对你有极大的爱,不会因为这点小小的不便而改变。"

同样地,英语里也只有一个词表示正义(justice)

和法律（law）。所以，偷了一个苹果的男孩、违规停车的司机和杀人犯都触犯了法律，都要接受正义的审判。结果是法院里人满为患，普通人的生活被违法的标签摧毁，只因为我们没有想到把正义这个巨大的概念分解成小的概念，以减少量级错误。终于，我们从"战争"这个概念开始这么做了：我们把战争分成一系列不同等级的阶段，不再像原来那样只有战时、非战时两种状态。我们为战争不同的阶段取了不同的名字，例如：威胁阶段、边境冲突阶段、动员阶段等。使用它们就相当于说一个作战单位、两个作战单位、三个作战单位等。这意味着我们可以表达战争的量级，而不是像以前那样说："边境发生了一场冲突，说明全面开战了。"

》》 第三种错误：失配错误（Misfit Mistake）

你走在路上，看到了一个非常熟悉的背影。那肯定是他的后脑勺，错不了，衣服也是他经常穿的那件。你快步走到他身边，却发现完全不认识这个人。

有一种小鱼以大鱼的鳍和鳞上的寄生虫为食。大鱼认出了这个助人为乐的小家伙，甚至会张开嘴，让它游进去觅食。另一种小鱼和这种鱼长得很像，甚至学会了它游动的姿势。大鱼把这种狡诈的鱼误认成了朋友，允许它靠近自己的鳍，结果被它咬掉了一大块。

在上述两个例子中，都出现了把完全不同的事物误认成熟悉的事物的情况。这就是失配错误，即想法与事实不符。你注意到了某些特征，由此联想到了某个熟悉的概念，比如你认识的人或鱼。还没等列出所有可能存在的特征，你就直接下了结论。你以最快的速度完成了判断。但事实是，如果你注意到了其他特征，你可能就会改变主意，避免失配错误。例如，如果你注意到了前面那个人手上戴着戒指，你立刻就会意识到他并不是你的朋友。

在黑筒实验中，许多参与者都在解释中犯了失配错误，草率地得出了与他们所能获得的实际信息不符的结论。

例如，很多解释都说圆筒非常轻，所以它是自己倒的，或者被风吹倒的。这显然犯了失配错误，因为圆筒倒下时发出了砰的一声，证明它很重。另外几个解释说圆筒底部是用类似于"橡皮泥"的材料做的，会越来越软。果真如此的话，圆筒会先下陷，再往一旁倒。但如人们所见，圆筒并没有先下陷再翻倒，它是突然倒的。

还有一个解释说，圆筒内有一个电动机，它带动重物绕垂直轴进行离心运动，使圆筒失去平衡。如果是这样的话，圆筒会不断震动，直到翻倒。但现场并没有人看到圆筒震动。

事实上，圆筒内的真实情况从未公之于众。因此，从某种意义上说，每一个对于圆筒翻倒原因的解释都是错的。又因为每一个解释都存在误认的情况，所以从某种意义上说，大家都犯了失配错误。但是，在实践中，我们只能依据可实际获得的信息采取行动。这已经是最好的情况了。我们不能假装自己能获得一切可能存在的信息——当然，在黑筒实验中这是有可能的。因此，在实践中，失配错误指的是想法与可实际获得的信息不符。

一个人会根据自己注意到的某事物的特征贸然下结论。如果这些特征只占这个事物所有可能观察到的特征的一小部分，那么他很可能犯了失配错误。如果他的结论确实建立在所有可获得的信息的基础上，那么该结论在当时的情况下就是最有效的。但是，只要有其他人出现，带来了新的信息，这个结论就必须随之变化，否则就会犯失配错误。

失配程度

值得注意的是，失配程度越高，不代表错误越大。当你在路上把陌生人错认成你的朋友时，无论他们之间只有一个相同特征，还是 20 个特征中有 19 个都一样，都不影响结果。两种情况下，他都不是你以为的人。相同特征比较多的话，错误可能会显得更情有可原，但实际上，它们是同一个错误。旧的牛顿宇宙观的失配程度很低。爱因斯坦的观点只把这个程度又降低了一点点。然而，这两种理论的结果相去甚远，尤其是考虑到原子能的应用要归功于爱因斯坦的观点。

95% 符合事实的理论或想法不一定比 70% 符合事实的想法更正确。二者都可能很有用处，但是都需要改进。

失配错误是人们常犯的错误

人类的大脑不可能捕捉到一切可获得的信息，所以我们很容易犯失配错误。大脑靠生成模式和利用模式来工作，因此它工作的速度和效果取决于识别模式的快慢。这意味着我们并不会耐心地观察所有可能存在的特征，而是刚一看到几个特征，就迅速对情况进行识别。对情况越熟悉，识别的速度就越快。因此，一个人只要产生了非常明确而强烈的想法，就会迅速得出结论，并且犯很多失配错误。前段时间在纽约，一名警察走到了一辆熄火的车旁。车里的人急忙翻找驾照，警察却以为他在找枪，就朝他开了一枪。车里的人立刻掏枪还击。后来才知道，车里的人是一名下了班的警察。妻子怀疑丈夫出轨时，一看到他下班回家时领带尖的位置和早上不一样，就会把它当成出轨的证据，但他可能只是在午休时打了壁球。

>>> 第四种错误：断言错误（Must-be Mistake）

这是一种因傲慢而犯的错。与其他几种错误不同的是，它影响的不是当下或过去，而是将来。错不在于想法本身，而在于它无法进一步发展。从收集信息到得出结论，都不会出现这种错误，但是当你用傲慢的态度钳制住这个结论时，就犯了断言错误。

阻碍进化

傲慢钳（arrogance-clamp）限制了想法的发展。正常情况下，一个想法会在进化过程中得以逐步完善，但这个"钳子"阻断了这一过程。一个想法在某一时刻停止进化，相当于宣布进一步的发展对这个想法没有任何帮助。这好比说动物应该在恐龙时代停止进化，因为它们已经很好地适应了环境。事实是，环境在一刻不停地发生变化，所以思想也必须随之变化，才能与之相适应。如今，我们所遇到的一些麻烦，与其说是因为21世纪的技术太具有创造性，不如说是因为技术仍然受缺乏创造性的20世纪思想的控制。我们仍然认为，如果你要造一架飞机，那么飞机越大越好，飞得越快越好。我们拥有21世纪的武器，对冲突的看法却仍然停留在20世纪。

但是，即使环境一成不变，大脑的工作方式也决定了一个特定想法不可能充分利用可获得的信息（参见《思考的机制》及本书第九章中的"德博诺第一定律"）。将一段时间内进入大脑的信息整合在一起，就形成了一个想法。随着大脑对信息的利用和重新整理，这个想法会不断得到完善。在这个过程中，想法对现有信息的利用越来越充分。因此，即使环境一成不变，傲慢钳还是会阻碍想法的完善。

抹杀可能性

断言错误不仅会阻碍已有想法的进化，还会抹杀其他想法的可能性。这些想法之所以被排除在外，不是因为它们本身有缺陷，而是因为被我们的傲慢态度所保护的那个想法看起来已经符合要求了。其他想法目前看来不如这个想法令人满意，但如果给予它们一些关注，它们或许能超越这个想法。此外，断言错误还抹杀了产生全新观点的可能性。这既是因为我们不再为提出新的可能性而努力，也因为即使它偶然出现了，也会被忽略。

用"筒底突然弹出了一根钉子"来解释黑筒倒下的原因并没有错，但如果宣称这是令黑筒倒下的唯一的解释，就犯了断言错误。

文化与个性

断言错误的确与大脑处理信息的方式有关，但我们开发的传统思维工具，尤其是要么接受要么拒绝的是/否机制，也可能会引起断言错误。在实践中，因傲慢而产生的断言错误也与人的个性和受教育经历有关。

>>> 第五种错误：遗漏错误（Miss-out Mistake）

遗漏错误也可以称为选择性错误或片面选择错误。当一个人只考虑了部分情况，却把得出的结论应用于整体情况时，他就犯了遗漏错误。例如，一个男人离家出走以后，朋友们会同情他的妻子，谴责这个男人不负责任。但是他们忽略了他是被妻子的唠叨逼走的事实。

在遗漏错误中，思考的结论相对于起点来说是完全合理的。例如，警察用警棍打人是暴力执法，那么呈现这种场面的照片就可以作为暴力执法的证据。但是从照片上，我们几乎不可能看出这个人刚才持刀袭击警察这一事实，所以它就很可能会被遗漏。

全局

如果你能看到全局，你就能轻轻松松地找出遗漏错误。但是，除非你已经知晓了全部的情况，否则你根本无法得知自己遗漏了哪些信息。如果不是已经看到了全局，人怎么会相信自己看到的只是局部呢？要相信你面前的只是局部，必须有一些特殊原因——比如怀疑向你提供信息的人。即使你真的怀疑自己所见并非全貌，可能也没有办法证明，只能模模糊糊地觉得它肯定存在于某个地方。此时，你有以下几个选择：

（1）拒绝别人给出的结论，因为你莫名地相信它是基于部分情况得出的。

（2）拒绝别人给出的结论，因为你不喜欢这个结论，并因此声称它肯定是基于部分情况得出的。

（3）接受这个结论，但有所保留，仍然在想办法看到全局。

（4）接受这个结论，因为你喜欢这个结论，断定它是基于整体情况得出的。

（5）由于无法突破局部，看到其余情况，所以你断定你看到的已经是全局。

选择

任何形式的政治或意识形态宣传都建立在遗漏错误的基础上。它通常具有很强的选择性，我们甚至可以称为"挑选"错误，而不是"遗漏"错误。你只关注能帮助你得到你想要的结论的部分，就像做广告时故意挑出卖点展示，忽略其他部分一样。值得庆幸的是，售卖观点不像售卖洗衣粉那么复杂。你只需要关注资本家的富裕，将其与工人的贫困作对比，忽略生产力的提高。其他人可能会着眼于资本主义的生产力，忽略它是靠贫穷和对贫穷的恐惧换来的这一事实。先提出自己想要的结论，然后裁剪下能推出这一结论的局部，是非常简单的。其余部分自然就被遗漏了。

注意范围

我们通常不会故意犯遗漏错误，也不会为了欺骗而犯这种错。是否会犯错取决于你把注意范围的边界划定在哪里，因为思考和下结论都发生在这个范围之内。决定鸡蛋要煮多长时间的时候，你会考虑到它刚从冰箱里拿出来，或者你所在的度假酒店位于山顶吗？考虑社会正义时，应该包括经济扩张速度吗？影响贫穷的是昨天的状况，今天的对比还是明天的可能性？我们必须划定边界，但是划在哪里通常取决于我们感兴趣的程度。仅仅是划定边界还不足以使人犯遗漏错误，它还需要把基于局部得出的结论应用于全局。例如，有人可能会因为做静脉曲张手术要等两年而认为公费医疗制度是失败的。

▶▶ 小结

最重要的是，造成以上错误的直接原因是大脑处理信息的方式，而不是个人的愚笨、粗心或缺少培训。即使是最聪明、受教育程度最高的人，也会犯同样的错误。他们考虑的也许是政治稳定，而不是如何搭建花棚，但所犯错误的类型是一样的。这没什么可奇怪的，因为造成这些错误的直接原因是大脑处理信息的方式。这一过程既使大脑成为一种极其有效的思维工具，也要为这些错误负责。你不能期望电能给你想要的所有能量，却不会使你触电。在实践中，你要做的是意识到可能会有触电的风险，采取措施最小化甚至避免这种风险。同理，你要学会识别思维错误，开发新的思维工具，培养新的思维态度，从而将犯错的概率降到最低。

▶▶ 纠正错误

比较容易纠正的是失配错误。一旦你忽略的东西被别人指出来了，你可能就会立即自愿改变想法。比如在认错人的例子中，如果你的朋友指出那个人手上戴着戒指，你就会立刻改变想法。但如果身边没有人帮忙，你很可能会继续忽略一开始就被你忽略的信息，因为当前的想法对你来说已经足够正确。因此，吸取他人的观点对避免失配错误特别有帮助。

失配错误并不总是容易纠正的。如果一个人非常需要他所持的观点，那么即使你指出它与事实不符的地方，他也不大可能改变想法。也就是说，如果一个人认为所有外国移民都在一味索取该国的社会服务，那么即使你指出大多数外国移民贡献的比索取的多，他也不大可能改变这种观点。

单轨错误是很难纠正的一类错误，因为它背后的思考顺序看似是符合逻辑的。我们一直以来都非常相信逻辑正确，因此一个观点只要符合逻辑，我们就会拒绝改变它。对于犯单轨错误的人，告诉他必须考虑到其他因素，从一个想法到另一个想法的直接移动才能成立，是徒劳之举。因此，即使你告诉他只有底面是圆的，头重脚轻的物体才会自动倒向一边，也是枉然，因为他的想法一开始就不是这样形成的。要想纠正单轨错误，最好的方法是先接受这个想法，再往后推。因此，你应该说"如果你用甩干机来甩干小猫，会把它甩死"，而不是说

"不要把小猫放进甩干机，它是用来甩干衣服的"。一般来说，先接受一个想法，再往后推，我们就可以证明它为什么是错的。"假设所有头重脚轻的物体都会倒。如果有一个金字塔形状的东西，顶部非常重而底部非常轻，它会倒吗？"另一种纠正单轨错误的方法是，当我们持有的观点合乎逻辑时，主动减少内心的傲慢，这又和断言错误有关。

就纠正难度而言，量级错误介于上述两种错误之间。有时，你可以实际确定想法中涉及的量级，引用准确的数字和单位。例如，如果有人说，因为人人都怕得癌症，所以只要宣布吸烟致癌，就不会再有人吸烟了。你就可以用数据证明，宣布吸烟致癌的消息发布后，实际戒烟的人只有一小部分，而且这部分人很快就复吸了。如果有人说人们喜欢在电视上看到暴力场面，你就可以设法统计究竟有多少人喜欢观看暴力场面。

但大多数情况下，由于数据或实际的量级无从获取，导致问题的关键变成了逻辑顺序，所以量级错误很难纠正。一个人指着路标说："这条路通往利物浦，你能否认吗？"你当然不能。从逻辑上讲，我们可以说动乱会引起革命，就像说母鸡会下蛋一样。但是母鸡不会下鸵鸟蛋，一场小规模的自然动乱也不可能引起全面革命。

有时，我们可以用"鸵鸟蛋策略"来避免量级错误，也就是给不同的量级取不同的名字。比如同样是水，可以有水洼、池塘、湖泊等不同的名字。但是这些名字必须事先存在，不能现取。另一个难点在于，大脑在处理抽象概念的时候，总是偏向于走极端。比如恋爱时，我们很容易宣布自己正在热恋，而不是用恋爱范围里的其他术语，比如被吸引、感兴趣、处得来、喜欢等。这些术语听起来很弱，就像喜欢谈论"革命"的人觉得"动乱"听起来很弱一样。

到目前为止，最难纠正的是断言错误（傲慢），因为它影响的并非当下。当人们用傲慢钳制住某个观点的时候，这个观点本身可能并没有错。一个人只有注意到了被傲慢抹杀的事物发展的可能性，才会意识到自己犯了断言错误。要想发现这种错误，我们就得考虑这个观点如果没有被傲慢钳制，而是继续进化，会发展成什么样，然后把考虑的结果和当前的观点作对比。但是，要让不具备这种思维方式的人做到这一点是极其困难的。犯断言错误时，错不在于观点本身，而在于持有该观点的人过于傲慢，或者试图把观点强加给别人。

遗漏（选择性）错误的纠正有时很难，有时很容易。通常来说，证明犯错的人把他的观点建立在了部分情况的基础上并不难。关键在于他为什么会选择这个特殊的观点。如果他是为了得到特定的结论而故意选择这个观点，那么即使存在别的观点，他也会坚持自己的观点，认为它是最重要的。另外，如果他并非故意选择这个特殊的观点，那么他可能会乐于看到这个观点的局限性，甚至会换一个更好的观点。所谓的遗漏错误，就是只看到了局部却声称自己看到的是全局。因此，遇到难以纠正的遗漏错误时，首先要尝试并且接受你们各自看到的是不同的局部这一事实。一旦接受了这一点，遗漏错误就会自动消失。如果一个人只看到了部分情况，而且承认自己看到的只是整体情况中的一部分，就不算犯错。

> 本章中介绍的几种错误都是直接由大脑处理信息的方式引起的，而非个人的愚笨或粗心。
>
> 使大脑成为极其有效的思维装置的过程，也是造成这些错误的原因。
>
> 所谓单轨错误，就是忽略所有限定因素，认为一个想法必然通向另一个想法。

计量单位是我们为避免量级错误而刻意创造的工具。

人类的大脑不可能捕捉到一切可获得的信息,所以我们很容易犯失配错误。

遗漏错误影响的不是当下或过去,而是将来。

要想发现断言错误,我们就得考虑这个观点如果没有被傲慢钳制,而是继续进化,会发展成什么样,然后把考虑的结果和当前的观点作对比。

想法会在正常的进化过程中得以逐步完善,但傲慢钳阻断了这一过程。

当一个人只考虑了部分情况,却把得出的结论应用于整体情况时,他就犯了遗漏错误。

第七章
四种正确

>>> 正确的必要性

在实践中,思考的目的是使我们能理解周围发生的事情,从而做出合适的反应,并且改变事物,使情况对我们有利。为了有效地达到这一目的,思考必须得出正确的答案,至少大部分正确。事实上,我们对正确的需求似乎大大超过了思考应当有效这一实际要求。对正确的强烈需求与人的自我有很大关系,而且似乎建立在以下两点的基础上:

(1)为了安全我们需要了解未知,而且这种需要以恐惧为基础。
(2)教育极其强调对正确的需要。

了解未知

在危机四伏、竞争激烈的大自然里,动物一旦见到了陌生的身影，就必须立刻决定是忽略它，还是打斗或逃走。除非找到足以使它从中选定一种应对方式的解释，否则它将一直承受不安的折磨。在有些人看来，只要新事物没有逼迫我们做出反应，那么忽略它就是最好的选择。但是，等到被逼着做出反应时，可能就太晚了。在实践中，我们几乎不可能在事物被解释清楚之前忽略它。当注意力被陌生的事物占据时，我们对解释的需求会非常强烈，根本不需要刻意寻找。得到正确的解释比满足无聊的好奇心要重要得多。

  一旦做出了某种解释，我们似乎就会极度渴望它被证实是正确的。每当我在讲座中做了黑筒实验，结束时观众提的第一个问题总是："那个黑色圆筒到底是怎么倒的？"这并不出人意料，因为黑筒实验很可能是整场讲座中最有趣的部分。令人感到意外的是，当我拒绝解释黑筒翻倒的机制时，他们会表现出强烈的怨恨。起初，我拒绝解释只是因为不希望以后的参与者被剧透，但他们的怨恨是如此强烈，以至于我对这种怨恨本身产生了兴趣。有些人会问一些措辞巧妙的问题，试图从我嘴里套出答案，另一些人则会无理取闹。有一次，甚至有人说如果我不给出解释，就不让我离开。曾经还有几个人想偷偷把装圆筒的袋子拿走。通常情况下，他们会让讲座主持人从我嘴里套出秘密，然后分享给他们。

就其本身而言，这个机制并不比普通的魔术有趣。根本想不出任何解释的人对圆筒翻倒的真正原因只是略微好奇。而那些提出了令自己满意的解释的人呢，他们本应该感到满足（即使实际机制和他们的解释不一样）。但事实证明，他们似乎才是最在乎自己是否正确的人。

教育与正确

在受教育的过程中，我们被反复灌输正确的必要性。我们学习的全部动机都建立在对正确的需求上。如果你做对了题，老师就会赞同你，表扬你，在你的作业上打个对号。斯金纳在训练鸽子完成弹小钢琴之类的复杂任务时，每当鸽子完成一个正确的动作，就会奖励它一粒麦子。象征正确的对号就相当于这种即时奖励。在现实生活中，高效会带来奖励。如果你是个高效的房地产开发商，你就会赚到很多钱。如果你是个高效的律师，你就能打赢官司。但在学校里，高效并不会带来这种自然产生的奖励。取而代之的是一种"裹着蜜糖的"人为奖励，即象征正确的对号。然而正确不等于高效，正确只意味着你按照预设的思路把事情完成了。

做对题会得到奖励,与之相伴的是做错题时产生的羞耻感。错题不仅得不到光荣的对号,还会被打上令人羞愧的叉号。叉号意味着你没有得到老师的认可。叉号意味着你得把这道题从头再做一遍,而这是件无聊的事。叉号意味着你是个笨蛋。叉号还意味着其他人可以在你面前产生优越感。教育在我们心里种下对错误的恐惧,使我们迫切希望自己是对的。

正确是一种感觉

理论上,如果你的想法准确地反映了现实,你就是"正确"的。但是在实践中,"正确"则是另一回事。

如果你认为把锅放到火上,锅里的水就会烧开,结果它确实烧开了,那么你的想法就是正确的。如果你认为争吵以后你的女朋友还会回到你身边,结果她确实回来了,那么你的想法就是正确的。如果你认为股价会涨,结果它确实涨了,那么你的想法就是正确的。如果你认为夜里听到的动静是储藏柜里的老鼠发出的,而不是入室盗窃的小偷发出的,那么你的想法就是正确的——如果事实证明确实是老鼠。在实践中,思考的目的包括在实际验证之前就得出明确的结论。你希望你对股市的判断在它真正上涨之前就是正确的，否则你就赚不到钱。你希望在你不得不下床查看之前，你对老鼠的设想就是正确的。你希望你对你的女朋友的猜测是正确的，这样你才能尝试和她重归于好。

在实践中，你的思考正确与否和现实毫无关系。正确指的是你在思考时相信自己是正确的。这和事后对照实际情况验证你的想法截然不同。正确就是感觉自己是正确的，因为这种感觉是行动的基础。无论实际上你是对的还是错的，都不影响这种感觉的产生。作为行动依据的正确，并不是你的想法与事实相符，而是你自己认为正确，无论事实是否如此。

我们在上一章中讨论了基本的思维错误。如果一个人能在思考时避免一切错误，这会是保证正确的最佳方式吗？理论上这有可能是，实践中却并非如此。在实践中，即使一个人犯了最糟糕的错误，他仍有可能觉得自己无比正确。没有人会为了犯错而犯错。犯错是因为你自以为是正确的。只有在事后，你才会发现自己犯了错，或者有人指出了你的错误，但你并没有理会。规避了所有错误的人会感觉自己是正确的，犯了错的人也会感觉自己是正确的，前者的感觉并不比后者更强烈。在实践中，这种感觉是真实存在的。比起单纯地避免错误，或者让你的想法与事实相符，这种感觉要具体得多。

本章将讨论四种基本的正确。人类大脑通过实现其中一种或另一种来确定它的想法足够"正确"，可以作为依据，采取行动，或者让其他人也接受这种想法。

》》第一种正确：情感正确（葡萄干蛋糕）

阅读政治杂志的时候，你会读到一些文章，它们有力地论证了某个特定的观点。读另一本政治取向不同的杂志时，你会发现它同样有力地论证了完全相反的观点。两种情况下，你都能跟随文章的思路，体会到论证的合理性。作者不时地摆出数据来支撑自己的论点，整篇文章环环相扣。读到最后，你会突然发现通篇论证的基础，就是认为某个政府有道德义务做某事。

葡萄干蛋糕的意义在于里面有葡萄干，其余部分的存在只是为了让葡萄干之间保持合理的距离。蛋糕相当于一个中性的背景，葡萄干点缀其中。真正重要的是葡萄干。葡萄干是诱人的好东西，它们的价值毋庸置疑。

它们的味道很好，什么都好。一吃到葡萄干，你立刻就会发现，因为你不可能认错它的味道。对任何人来说，它们都一样美味。

积极正向的词就像葡萄干蛋糕里的葡萄干。它们的意义毋庸置疑。这类词本身就具有价值，而且为每个人所接受。从很久以前开始，这些词就成了表示"好的、正确的、合适的、应该完成的"的简便方法。这些词一开始就被设定为情绪胶囊，因此人们对它们的反应是情绪化的。蛋糕的存在是为了把葡萄干连接起来，同理，你也可以把一整篇有逻辑和数据支撑的论证当成一种手段，使你能体面地从一个积极正向的词走向下一个，从而唤起一种普遍的情绪反应。

这类积极正向的词包括：

尊严

诚实

勇气

正义

传统

坚定

果断

灵活

责任心

论证的价值直接取决于这些词的既定价值。读到这类词时,你会对社会赋予这些词的情感味道做出反应。就像蛋糕好吃是因为里面有美味的葡萄干一样,论证之所以让人觉得是正确的,只是因为它恰当地使用了足够多积极正向的词。要证明这一点很简单,只需要假装喝倒彩。所谓喝倒彩,就是拒绝承认社会赋予这些词的情感味道,这时你就会突然发现,原先的论证分崩离析了。你可以对历史传统喝倒彩,称为障碍。你也可以对勇气喝倒彩,称之为鲁莽。如果你能成功地做到这一点,那么即使原论证中的逻辑和数据不变,你也会发现原来的整个想法突然变得不正确了。

除了这些"可口"的积极正向的词,还有另一类词,只不过它们的味道就像蛋糕里的碱块一样糟糕。然而,这两类词的使用过程是一样的。只要加入这种消极负面的词,你的想法看起来就会是正确的——你发现你所厌恶的东西是你本就应该厌恶的。

这类词包括：

软弱

衰退

犹豫

狡猾

欺骗

机会主义

圆滑

好斗

直觉

利用这些情感钥匙一样的词来唤起你所需要的情感是完全合理的。毕竟，思考就是为了证明我们可以从另一个角度看待事物，从而在想法之间移动。因此，为了让其他人从新的角度看待某个情况，你可以使用一连串的这类词，这是完全合理的。然而，决定你能否实现情感正确（emotional rightness）的，通常并不是这些词，而是你对某事是好或坏的直觉判断。

可以说，理智存在的唯一目的就是使你最终能明确地做出积极或消极的反应。任何与政治有关的长篇大论都是为了让你产生一种"直觉",即必须把票投给这个人,而不是他的竞争对手。有时人们会觉得,既然这种直觉一直存在,理智就是多余的。但是,经常被人们忽略的是,直觉看似直接,实际上却是由某个特意选择的词或思路触发的。直觉提供了子弹,但枪口的方向是由理智控制的。看到刊登在报纸上的照片里是一个柔弱又漂亮的女孩时,人们会凭直觉认为这样一个温柔的人不应该被指控谋杀。然而,只要稍微改变镜头的角度,就会让这个女孩看起来像个"丑恶的妖怪或女巫"。理智的作用和镜头一样,它使一切处于最能引起特定直觉的状态。

直觉似乎不足以证明我们的想法是正确的。毕竟,帮助我们摆脱原始直觉的支配本应是思考的目的。但是,如果人类要使用其思考的产物,那么这就是正确的最佳标准——因为承受思考结果的是人的情感。从情感正确的角度证明一种想法的正确性,是完全合理的。在实践中,这是最常用的一种正确机制。但是,它也有一些严重的不足。

局限性

时间尺度可能是最短的。追求情感正确时,我们很难透过当下不愉快的事,看到将来令人愉快的事。因此,我们可能会觉得辍学才是正确的,因为这样能让你立刻躺在沙滩上享受青春。但是,如果把时间尺度拉长,我们就会发现一个人未来的快乐取决于他在学校里培养的兴趣爱好和赚钱能力。思考的主要目的之一就是把人从即时反应的支配中解放出来,让人们提前考虑接下来会发生什么,因此时间尺度短是一种严重的限制。

情感正确的另一个不足,在于它所支持的观点可能会和其他人的利益相冲突。因为每个人都有情感,所以每个人都有权在思考中建立自己情感正确的标准。如果一个想法以情感正确为基础,那么它的正确性仅限于有相同情感的人。试图把这种正确性强加给其他人是非常荒谬的行为。

所谓情感正确,是指想法能够触发我们所期望的那种情感。这可能是因为这种想法恰好与我们对某个对象已有的情感相一致,也可能只是因为我们喜欢由这种想法引起的情感。

第二种正确：逻辑正确（拼图）

几名警察仔细盘问了一个涉嫌持枪抢劫的男人，但他们并没有得到可用的证据。不过，他们所期待得到的也并非线索，而是嫌犯证词中的矛盾。如果他一开始坚持说足球比赛结束后，他直接去了乔的酒吧，在那里待了一整个晚上，后来却无法确认当晚酒吧里是否有人打架，那么这个内在矛盾就证明他说谎了。另外，如果他的证词完全合乎逻辑，没有前后矛盾，那么即使他是胡编乱造的，也会被认为是正确的。重要的是，所有的碎片应该完美地组合在一起，至于它们是否符合事实，其实无关紧要。

在拼图游戏中，拼片本身的形状并不重要，重要的是每一块拼片都应该和相邻的若干拼片完美拼合在一起。如果所有拼片之间都能完美拼合，那么你就可以确保最后得到完整的图案。逻辑正确也是如此。当一个想法的各个要素之间完全吻合时，它就实现了逻辑正确。如果每一处结合点都是完美的，那么你就可以确保最后得到完美的想法。

玩拼图游戏时，你要一块一块地把拼片拼合在一起。

在这个过程中，你唯一要确保的就是每一步都是正确的。这也是实现逻辑正确的必经之路：确保每一步都是正确的。一步也不能错，否则就会破坏全局。这个过程的一大优势就是你可以一步一步地得出结论，这个结论可能无法被直接验证，但由于通往结论的路径是正确的，所以你可以确定结论也是正确的。你可以在试错之前，甚至在没有条件试错的情况下，得出结论。如果每一步都是正确的，那么结论必定也是正确的。这好比两个间谍约好在某个陌生的地方见面，其中一个先到了。因为他完全是按照约定的路线走的，所以即使他最后没有等到另一个间谍，他也可以肯定自己来对了地方。

不规则拼片

拼图拼片的形状并非规则的，而是带有凹陷和凸出的各种形状。这没什么好奇怪的，因为在制作拼图时，你只需要将选好的图片粘贴在胶合板上，然后按照意愿进行切割。无论拼片的形状多么奇怪，它们都能完美拼合在一起，因为它们本来就是由同一块胶合板切割而成的。

在逻辑正确中，人们关注的重点已经完全从拼片本身的性质转移到了它们之间的适配度上。拼片就是具名概念（比如自由、桌子、政府、鳕鱼等），但它们本身并不重要，重要的是它们在逻辑上的适配度。西方的智识传统完全以逻辑正确为基础，他们认为适配度就是一切。因此，比起形状规则但拼起来会留下很大缝隙的拼片，奇形怪状但能完美拼合的拼片更受欢迎。这就是古典哲学与日常生活鲜有关联的原因。（无论是否有"先验自我"，买鱼时都不能打折。）

从学术研究只强调适配度或逻辑正确这一点，我们的确可以得出它重形式而轻内容的结论。阅读古典哲学时，我们会遇到许多为使拼片之间完美拼合而精心设计的极其复杂的体系。整个体系的有效性完全取决于拼片之间的适配度。

选择你自己的拼片

逻辑正确或完全适配可以自动证明一个人的思维是"正确"的。因此，无论他构建的体系多么怪异，他都可以通过展示各个拼片之间的适配度来证明它是"正确"的。偏执狂可以构建一个结合紧密、逻辑连贯的世界观，说明所有人都在迫害他。不同的宗教派别对人生的看法都可以做到逻辑自洽。占星术是关于占星术的逻辑自洽的描述，炼金术是关于炼金术的逻辑自洽的描述。

制作拼图时，切割方式一开始就是你自己决定的。但是当你拿到拼图，亲自把所有拼片拼在一起，得到完整的图案时，你可能还是会大喊一声："太棒啦！"逻辑自洽的体系通常也是如此。我们的世界观一开始就是以特定方式切分的，即我们看待事物的方式和我们所用的具名概念。随着你把切分好的碎片拼在一起，你会突然发现所有的碎片都能完美拼合。这说明你的体系是有效的。它确实有效，但并不是唯一有效的。凡是通过先切分再拼合而得到的东西，有效性都不相上下。组成你的体系的碎片只在这个体系里是正确的。你不能从你的拼图里取出一些拼片去拼其他人的拼图。同理，你也不能把你的体系里的不规则碎片用在其他地方，好像它们自带有效性一样。

想象一下因纽特人住的冰屋。对比南方的房子的结构，你可以说冰屋就是在弯曲的墙壁上盖了一个圆顶。因为你所说的墙壁和房顶确实可以拼成一个完整的冰屋，所以你的说法是相当正确的。这立刻证明你选择房顶和墙壁作为基本概念是合理的。但另一个人可能会认为你在胡说,因为在他看来,冰屋显然是由若干个自下而上越来越小的同心圆垒砌而成的。他会做一个模型,证明这些圆确实可以拼成一个完整的冰屋。这时可能又出现了一个人,对以上所有的解释嗤之以鼻。据他所说,冰屋只是一个完整球体中看得见的一半,另一半埋在雪里……

确保拼片之间相互适配

在切割拼图时,你可能会希望整幅图中的某个特定图案(比如一张脸)成为单独的一块拼片。同理,一个人也可以从几块固定形状的碎片开始构建逻辑体系。这几块固定形状的碎片就是基本概念,他将围绕它们来拼剩余的碎片,以确保所有碎片各就其位,彼此适配,从而达到逻辑正确。因此,弗洛伊德在构建他的理论时,所围绕的基本概念就是:性本能是人类行为的首要动力。又由于当事人通常认为从性的角度来解释其行为似乎并不合理,所以有必要再创造一块叫作"阻抗"的碎片。"阻抗"说明人们之所以拒绝以性为基础的解释,是因为它是真的。如此一来,接受解释,说明它是真的;拒绝解释,也说明它是真的。逻辑连贯又缜密的迷思就是通过这种机制产生的。这并不是说这类迷思是错的，只是说利用逻辑正确的机制可以轻易构建出无可辩驳的体系，无论它本身正确与否。

对人类而言，这种拼合碎片的过程无疑是最有用的一种思维方式的基础。某些概念会通过共同经验逐渐为人们所接受。具名概念（食物、雨、控制、爱）就是这样证明了自身的有用性。为了把这些现成的碎片拼在一起，我们会尝试把它们放在不同的位置，甚至制造一些起连接作用的特殊碎片，直到所有碎片拼成一个整体。

这么做的危险在于，基本概念之间的适配并不能证明它们本身的有效性。更重要的是，初始基本概念的选择可能会对整个体系起决定作用。例如，西方哲学选择"自我"的重要性作为一个基本概念，由此发展出一个包含奖励/惩罚、罪行/德行等的体系来指导"自我"。东方哲学则选择"自然"作为基本概念，这时自我就只是自然上一块特殊的凸起。因此，自我不必听推/拉体系的指挥，而是需要与自然保持和谐。

心理学中有一个常识性概念：记忆。我们把收集到的信息储存在记忆中。接受记忆这个概念后，心理学立刻对一个特定机制坚信不疑：既然有记忆库，那肯定有某种"处理器"来利用储存在库里的记忆,我们将这种利用行为命名为"回忆"。这个机制虽然巧妙,但是它可能导致我们完全无法把大脑看成另一种不同的信息系统。此外,还有许多其他的常识性概念仍然在阻碍心理学的发展。"动机"就是其中之一,因为它指的是出现在行动之前的某种东西,但实际上它也可能出现在行动在大脑中发生之后。

用错拼片

如上所述,选择一块特殊形状的拼片可能会对其他拼片的形状起决定作用。但是,当所有拼片完美拼合在一起,却呈现出了错误的图案时,还是会陷入麻烦。

考虑以下两个问题。

(1)一小碗油和一小碗醋并排放在一起。你把一勺油舀进醋碗里,随意进行搅拌。然后再从醋碗里舀一勺混合后的液体,倒进油碗里。这时,哪个碗里的液体受污染更严重?

论证的逻辑是这样的:醋碗里被舀进了一勺纯油,而油碗里被舀进了一勺混合液体(虽然混合的比例未知,但是含醋量肯定小于纯醋)。也就是说,进入醋碗的油要多于进入油碗的醋,所以醋碗受污染更严重。

(2)酋长希望部落里有更多的士兵来替他打仗。因此他下令,女人一旦生了女孩,就不能再生孩子了。他能通过这种方法提高男女比例吗?

论证的逻辑是这样的:部落里各家可能会有一个、两个、三个、四个、五个甚至更多的男孩。但是没有一家的女孩是超过一个的。而且,因为第一胎生男生女的概率是一样的,所以独生女家庭理论上来说不会多于有多个男孩的家庭。因此,男孩的数量肯定比女孩多。

这两个论证都能自圆其说,因此看起来都合乎逻辑。但事实是,每一个都大错特错。为了认识到逻辑正确的危险性,你最好自己弄清楚它们为什么是错的。

局限性

总的来说,逻辑正确是最有力也最有用的一种正确。人类如今所取得的成就基本都有赖于逻辑正确。尽管如此,它也有自己的局限性。

(1)逻辑正确建立在基本概念相互适配的基础上,但是这并不能证明这些概念本身是正确的。不正确的基本概念之所以拥有正确的表象,是因为它能被妥帖地放进某个逻辑结构中。例如,"人生病是因为体内血液过多"这个基本概念和放血疗法之间可以建立逻辑关系,这是长期以来医学上广泛应用的一种治疗手段,不久前才退出历史舞台。

(2)无论逻辑多么无懈可击,结论都不可能比初始概念更有效。

(3)一个人只要够聪明,就可以巧妙地把他挑选的拼片按照逻辑顺序拼合在一起,证明任何他想证明的观点。一些政治论证通常就是把精挑细选的、不太可靠的基本概念拼在一起而形成的逻辑结构。

(4)在一个逻辑结构中,拼片之间的高度适配意味着位于结构底层的几个不正确的基本概念将影响这个结构整体的形状。例如,内疚这一概念对西方精神病学产生了深刻影响。

(5)逻辑正确会使人产生傲慢心理,相信某一特定想法是绝对正确的。绝对正确意味着应该让那些还没有自行领悟到这种绝对正确的人也接受该结论。但实际上,逻辑正确仅限于这个由提前选定的基本概念按逻辑顺序拼合而成的系统。概念和正确都不能脱离这个系统。然而,因逻辑正确而产生的傲慢却促使人们把该结论转移到其他所有的系统中去。

（6）逻辑正确的本质是每一处拼合都是正确的。然而，坚持每一步都正确会对创造力造成实质性阻碍，因为要发挥创造力，可能需要在某个节点上犯错，以便移动到新的想法上（这一点将在"创造力"一章中展开讨论）。

总的来说，逻辑正确的局限性可以归结为两个方面，一是它使人产生傲慢心理，二是人们意识不到逻辑正确仅限于所涉及的特定的基本概念，它甚至不能证明这些概念本身的有效性。

>>> 第三种正确：唯一正确（村花）

如果你一辈子都没离开过某个偏僻的村子，那么这个村子的村花就是世界上最漂亮的女人，因为你想象不出比她更漂亮的人。

全部科学都建立在这种村花效应上，它的另一个名字是"唯一正确"。没有人能与村花媲美，因为村民们想不到还有谁和她一样漂亮，更别提比她还漂亮了。她是独一无二的，她是美艳无敌的，她享有全部的赞誉。因此，当一位科学家想不出另一种符合数据的解释时，他就会相信现有的解释是唯一正确的。这个解释就成了一位"村花"。不过科学家可不是这么对自己说的。他对自己说的是，他的解释之所以正确，仅仅是因为它符合所有事实。但实际上，他的解释之所以正确，是因为它是唯一的。

如果存在两种对立的解释，而且都符合所有事实，那么它们哪一个都不会受到科学家的青睐。他会继续做实验，获取更多数据，期望这些数据只对其中一种解释有利，使他获得他所需要的唯一正确。当两种解释都与数据一致时，它们本身虽然很有用，但是一想到其中只有一种是正确的，就没有科学家能高兴得起来。如前所述，爱因斯坦提出了不同于牛顿的宇宙观。没有科学家能确定哪一种观点是正确的，直到有机会进行实验，才证明只有爱因斯坦的理论能解释所有数据。如今，关于宇宙的起源，我们有各种不同的理论（大爆炸等）。为了证明其中一种理论是唯一正确的，天文学家们正在努力寻找更多的数据。

在科学领域以及科学领域之外，如果都无法提出替代解释，那就证明现有解释是正确的。凡是唯一的解释，都被认为是正确的。如果一个红头发男人从银行抢走了一笔带有特殊记号的钱，一周后，恰巧有一个红头发男人在餐馆里用带有相同记号的钱结账，那么唯一的解释似乎就是，他一定是嫌疑人。这时，只要发挥想象力，提出另一种解释，即嫌疑人在抢银行时故意戴了假发，又故意把带有记号的钱付给了一个红头发男人，第一种解释所具有的唯一正确性就会突然消失。

德博诺第二定律

如果没有可供选择的其他解释，现有解释就会被认为是唯一正确的，这一点似乎显而易见。但从古至今，这个基本过程一直在危害着人类思维。一个可能的解释总是被看作唯一可能的解释。真正可怕的是，有些想法本身看似绝对正确，实际上只是因为我们缺乏提出替代想法的想象力。这个道理看起来太过理所当然，以至于经常被忽视或遗忘。因此，我认为需要用一个特殊的标签来强调它。

德博诺第二定律：

"证明某事物是唯一正确的，往往只是因为你还不具有提出替代解释的想象力。"

我们要意识到，能证明现有解释正确的除了它与事实之间的高度匹配，还有想象力，这一点非常重要。它直接导向三个结论：

（1）除了追求准确和勤勤恳恳地对数据进行逻辑分析，科学家们还需要发挥想象力和创造力。只有发挥创造力，才能提出替代解释，挑战现有解释的确定性，促使新实验的开展。

（2）仅仅因为你和其他所有人当下都想不到替代解释，并不能排除它存在的可能性，所以没有一种解释是绝对正确的。

（3）对自己的结论最有把握的人，往往是那些缺乏想象力的人。

如果用更刻薄的语言来表述这一定律就是："只有缺乏想象力的人才会相信必然。"从这句话我们可以清楚地看到，人们关注的重点从证明本身的可靠性，转移到了无法提出替代解释的贫乏的想象力。

软科学

在物理学和化学等硬科学领域，人们可以通过实验来验证一个理论。但在软科学（社会学、人类学、心理学、政治学、经济学等）领域，通常很难甚至完全无法进行实验。既然做不了实验，就只能依赖仔细的观察。但问题是，如果你要用观察来检验一个从观察中产生的理论，那么这个理论就会指引你观察的方向，最终使你看到你想看到的东西。使问题变得更严重的是，在一些软科学领域（社会学、经济学等），理论和解释可以立即投入实际应用，所以人们急于提出新的理论和解释。结果是，在这些软科学领域，德博诺第二定律得到了惊人的验证。这些明确的理论之所以正确，往往只是因为人们缺乏为观察到的事实提出另一种解释的想象力。

一位人类学家在墨西哥的一处山坡上发现了一些巨大的、浑圆的石球。看到这种不像自然形成的圆球，他立刻想到他之前在别的地方见过的某种石球，这种石球是古代文化为举行某种令人费解的仪式而雕刻的。因此，他认为这些石球也是雕刻而成的。这是他能想象到的唯一一种解释。幸好他有一位朋友是地质学家，向他解释了这些巨型石球是如何在熔岩冷却的过程中形成的。这种解释一经提出，人们就会发现它比人类学家的解释更符合现有数据（石球的数量、分布以及有几个石球仍然嵌在熔岩中的事实）。

当然，软科学领域内的专家（和其他人一样）完全可以因为自己的解释具有唯一正确性而把它公开提出来。但是当其他人误以为该解释建立在确凿证据的基础上，而不是匮乏的想象力上，所以接受了这种解释时，它就会引起麻烦。此外，即使一开始的解释只是一种试探性想法（直到其他人提出更好的解释），只要科学家把这种想法和他的自我绑定在一起，他就会为了维护自己的立场而极力反对其他解释，这也是一种危险。

科学之外

既然唯一正确能在科学领域内起作用，那么它能在科学之外更广阔的范围内起作用就不足为奇了。你可以轻松地从多种可能的解释中选择最好的一种，但可供选择的解释不是凭空而来的，必须有其他人为你提供，或者你自己创造。如果你想不出其他解释，你就只能认为仅有的一种解释是唯一正确的。奥赛罗[①]只能想到一种解释，所以不得不相信这种解释。正因如此，他才亲手掐死了苔丝狄蒙娜[②]。

可惜的是，你永远意识不到你还没有意识到的事。更糟糕的是，如果你想象不到另一种解释，你就很难相信它存在的可能性。也许我们所能尽力做到的就是即使目前想象不出替代解释，也毫无理由地，甚至义无反顾地，相信替代解释存在的可能性，相信我们有更大的选择范围。这样的话，我们至少在朝着其他的解释努力，而不是拘泥于仅有的一种解释。除此之外，我们还可以学习水平思考法，提高自己提出替代解释的能力。

局限性

情感正确和逻辑正确都具有真实的有效性。情感正确指的是想法和你对某事物的情感相符。逻辑正确指的是你的一连串想法能够自洽。但唯一正确不具有真实的有效性，它所拥有的是极强的实用性。我们必须要用现

---

① 莎士比亚四大悲剧之一的《奥赛罗》中的男主人公。——编者注
② 莎士比亚四大悲剧之一的《奥赛罗》中的女主人公。——编者注

有的解释，不能因为知道了可能存在还未被想到的更好的解释，就坐在一旁犹豫不决。和前两种正确一样，唯一正确也有自己的局限性。

（1）有时人们会因为暂时提不出更好的解释而做出一个试探性解释，但是它却迅速变得像教条一样确定。这种确定性似乎建立在比缺乏想象力更坚实的基础上。当最初提出这个解释的人把它传递了出去，而它的试探性在一次又一次的传递中越来越弱时，这种情况尤其有可能发生。

（2）我们只有在拥有唯一解释的时候才会确信自己是正确的，所以为了强化这种自以为正确的感觉，我们可能会不遗余力地驳倒其他所有的解释。这时，唯一正确靠的不只是缺乏想象力，还有对其他解释的批驳。即使只存在少量证据，而且所有可供选择的解释都与证据相符，我们也会尝试驳倒其他的解释。

（3）当我们认为有且仅有一种正确解释的时候，我们就会拒绝接受其他的解释，但这些解释不过是看待同一事物的不同方式罢了。坚持只有一种正确解释，就像坚持认为能且仅能从房子的正面看到它一样。

>>> 第四种正确：识别正确（麻疹）

你的孩子最近一直流鼻涕、发烧。他感觉不舒服，心烦气躁，最后还起了疹子。你请来医生，他只看了一眼，就诊断孩子患了麻疹。

医生下此诊断，是因为他确信自己能认出这种病。他诊断的基础是感觉自己能做到"识别正确"。他观察到了患者不同的症状和体征，发现它们组合在一起就是患了麻疹的表现。因此，他认为自己的诊断是正确的。"麻疹"只是人们对这种病非常熟悉和了解之后给它取的名字。一旦医生认出了这种病，就可以给它贴上麻疹的标签。一看到这个标签，医生就知道病情会如何发展（可能出现的并发症、后续症状等），也知道该如何治疗。

所谓诊断，就是用一个特定的症状组合（起疹子、发烧、流鼻涕、接触过其他患者等）打开了一扇叫作麻疹的门。每一把钥匙上都有特定形状的凹槽，当它遇到与自己的凹槽相匹配的锁时，就能把门打开。实际上，门"识别"了钥匙，发现它是"正确"的钥匙。这就是识别正确。

为了实现识别正确，必须要有和这把钥匙相匹配的锁。也就是说，医生的心里必须已经形成了对麻疹的印象。要形成这种印象，可以读医学课本，可以听老师讲实际病例，也可以从经验中学习。一开始，新手医生必须先列出一份症状清单，对照着打钩，才能确定自己对麻疹的识别是正确的：他会逐一检查患者起疹子、流鼻涕、眼睛疼、接触过其他患者等情况。如果仍然不确定，他可能会让患者去做几项检查，比如抽血，来验证自己的识别结果，或排除患者得了其他疾病的可能性。他所做的一切都是为了把患者的症状和他内心对麻疹的印象对上号。一旦他对匹配的结果感到满意，他就实现了"识别正确"。

植物学专业的学生会花很长时间对一株野花和其他植物进行分类。你仔细数了数这株野花叶子和花瓣的数量，观察了雄蕊的形状。最后，你发现这些特征合起来解锁了一个特殊的拉丁学名。于是你得意地把这个名字贴在标本上，觉得自己充分做到了"识别正确"。在植物学中，这种识别是你努力的目标。但在现实生活中，它只是开始，因为识别情况是为了确定下一步的行动。

识别正确之所以非常重要，是因为它是一切行动的基础。只要你能识别情况，你就可以采取适当的行动，就像医生诊断疾病一样。如果你不能识别某个情况，你就得试着理解它，也就是从不同的角度观察它，或者把它分解成更简单的几个部分，直到找到你能够识别的东西。理解其实就是寻求识别正确的过程。

即时识别

新手医生在识别麻疹时，要对照它的症状一一打钩。植物学专业的学生在试图确定一种植物的名字时，也要对照它的特征一一打钩。但是，经验丰富的医生只要一走进诊室，就能看出患者患的是"麻疹"。他诊断的样子果断而高傲，好像谁都能认出这是什么病，根本用不着去打扰他。你不用一一核对特征也能立刻认出朋友的脸，但如果你想让不认识这位朋友的人去机场接他，你就得把他的特征列出来：发际线后退、塌鼻子、犀利的蓝眼睛等。

逐步识别

当即时识别无法实现时，就需要逐步进行识别。如果你不能立即识别使黑筒翻倒的机制，你可能会想要把它捡起来，晃一晃，听听里面的声音，试着拧开它，等等。你这么做是为了找到更多特征作为识别的基础。医疗检查和科学实验的目的也是寻找更多特征，以便提出想法、确认想法、在两个想法之间做出选择，或排除其中一个想法。

努力找到各种特征后，你会提出一个符合所有特征的想法。但这并不能证明这个想法是正确的。这只意味着你找到了一个有特定名字的特征组合，因此你想要使用这个名字以及它所引起的行为。面对同一个患者，一个医生认为他得了麻疹，另一个医生可能会认为他得了猩红热。因此，在同一种情况下，不同的人可能会找到不同的特征，得出不同的结论。

不完全识别

识别正确意味着你找到了很多与你的结论相匹配的特征，这些特征足以使你确信你的结论是正确的。接下来，你可能会根据结论采取行动，也可能会试图让其他人也相信你的结论是正确的（比如政治家）。如果你想说服其他人，你就要列出你在情况中找到的所有与你的结论相匹配的特征。有些特征可能确实是诊断定义的一部分（比如草莓馅饼中的草莓），但其他特征通常只被认为是这一情况的表象。因此，被分离出来的麻疹病毒是麻疹的定义的一部分，但轻微起疹子和流鼻涕都只是间接证据。

如果你真的列出了一个事物的定义所包含的全部特征，那么你当然可以确定自己的识别是绝对正确的。但在实践中，人们找到的特征数量，只刚好够让人产生识别正确的感觉——这就是识别正确。因此，有时你以为自己实现了识别正确，实际上却是犯了前一章中提到的失配错误。

局限性

"识别正确"的正确分好几种程度。对于你的结论，你可能会有把握、很有把握、确信、确信无疑。在某些情况下，你胸有成竹，但在其他情况下，你只能做合理的猜测。识别正确深受实际情况的影响。有时还没等查看完所有你想要查看的特征，你就必须采取行动了。这可能是因为你根本无法获取这些特征，也可能是因为情况紧急来不及获取（比如在战场上快速输血）。识别正确具有以下局限性：

（1）正确或确信的感觉越强烈，识别的准确性就越低。当一个人对自己的识别满怀信心时，就不会费心去收集更多的特征，所以他的结论往往是错的。与之相反，迟疑不决的人会不断寻找新的特征，这使他的结论越来越接近事实。

（2）即使你的识别正确建立在检查了大量特征的基础上，也不能排除再多检查几个就会完全推翻现有结论的可能性。

（3）在某种情况下，你可能真的只注意到了使你得出某种特定结论的特征。但在同一情况下，其他人可能会找到其他特征，从而得出不同的结论。即使你能亲自审视情况并保持开放的思维，这一局限性也非常危险。当你把想要得到的结论作为思考的起点时，它的危险性会更高。如果你不能亲自对情况进行检查，只能依赖别人（比如记者）为你挑选的特征，那么你几乎不可能得到准确的结论。

（4）作为结论的名字或模式必须事先存在，否则就没什么可识别的。如果你事先只确定了寥寥几种结论，那么你遇到的所有情况都会被识别为其中一种。"麻风病"一词以前涵盖了很多种皮肤病，如今我们已经为它们确定了各自的名字。同样地，如果你认为思想只分右翼和左翼，你就会发现所有人都能被归为其中一类。

（5）你必须确保你用作结论的名字对他人来说具有同样的含义。例如，"laurel"一词在欧洲大陆指"月桂"，它的叶子是一种常用的调味料，但在英国，"laurel"指的是"桂樱"，叶子有剧毒。所以，并不是这两个地域的人的消化能力不同，而是两种不同的植物被贴上了同一个标签。同样地，炒股的人称为暴跌（股价趋于稳定，而不是他所希望的快速上涨）的情况，在普通投资者看来是合理的资本增值。

（6）为了确定你的结论是正确的，你必须排除其他相近的结论。因此，在诊断患者患了麻疹时，医生必须排除风疹、猩红热、过敏性皮疹等与麻疹相似的疾病。但如果你根本不了解其他可能性（或者当下没想起来），那么你所确定的结论就有可能是错的。也就是说，你可能会把猩红热误认成麻疹。这是非常危险的，因为治疗猩红热需要用一种特殊的抗生素，而治疗麻疹并不需要。这种局限性和唯一正确的局限性很接近。

（7）即使你的识别是完全正确的，也只能说明你眼前的情况和你脑海里那个熟悉的、已命名的印象相匹配，仅此而已。识别正确并不能从任何方面证明那个基本印象本身是正确的。因此，如果你对一些标签有印象，那么你可以轻松地应用这些标签，但这并不意味着你对这些标签的理解是正确的。如果你选择把瓶装番茄酱称为危险武器，那么每当你把一瓶番茄酱称为危险武器时，都实现了识别正确。当你走进餐馆，发现里面到处都是危险武器时，你也是对的。但是，你无法证明瓶装番茄酱是危险武器。

> 一旦做出了某种解释，我们似乎就会极度渴望它被证实是正确的。
>
> 正确就是感觉自己是正确的，因为这种感觉是行动的基础。
>
> 在逻辑正确中，人们关注的重点已经完全从拼片本身的性质转移到了它们之间的适配度上。
>
> 利用逻辑正确的机制可以轻易构建出无可辩驳的体系，无论它本身正确与否。
>
> 在科学领域以及科学领域之外，如果都无法提出替代解释，那就证明现有解释是正确的。
>
> 可惜的是，你永远意识不到你还没有意识到的事。识别正确之所以非常重要，是因为它是一切行动的基础。

第三部分

日常思考的工具

生活中的思考术

EDWARD DE BONO

第八章
是 / 否系统

毋庸置疑,"否"(NO)是我们最重要的思维工具。"否"是一种极为有效的工具,利用这一工具,我们可以表明出于以下三个原因之一,想法在我们大脑中的排列方式是不正确的:

(1)想法之间不能恰当地结合。
(2)排列的结果不能反映实际经验。
(3)我们单纯地不喜欢这些想法。

确定想法的排列方式不成立后,下一步就是抛弃这些想法。"否"为我们提供了一个强大的拒绝工具。而且一旦拥有了拒绝工具,我们就自动拥有了选择工具,因为没有被拒绝就意味着被接受。在所有的信息处理系统中,选择工具都是最基本的两个必要条件之一(另一个是"改变"工具)。

作为一种抽象的逻辑工具，"否"的用处并不大。但是当它和人的生理感觉之间建立起联系时，它在日常生活中就变得实用起来。

（1）在接受使用"否"的训练中，恐惧会慢慢积累。小孩犯错后，会得到一巴掌和一句否定。在学校时，做错事也会招来否定和老师的不满。"否"变成了一种情绪反应，不再是一个中性的标志。

（2）"否"还建立在一种自然的错配（mis-match）反应的基础上。当我们发现自己对事物的认知与实际情况不符时，就会出现这种反应。

作为一种思维工具，"否"因为效果太强大，在我们的生活中太重要，以至于被我们视为理所当然的，甚至被当成了思维的自然组成部分。然而，就其本身而言，"否"是生物系统中一种人造的、相当特殊的信息工具。思维和语言系统当然可以建立在不同的基础上，但是我们所选择和开发的工具是"否"。

前一章中列出的"四种正确"都不受"否"的攻击。情感正确指的是一个想法能使人产生一种支持该想法的明确的情感反应——只要情感反应产生了，就不可能被否认。如果某个人看到挨饿的孩子确实会感到难过，你就不可能让他相信他不会难过。逻辑正确指的是不同的想法以一种无可辩驳的方式组合在一起，或连在一起。如果你对所有贝类过敏，而牡蛎是一种贝类，那么你就不能否认牡蛎会让你过敏。唯一正确的意思是唯一符合事实的解释一定是正确的。这也是不可否认的，除非你能提出另外一种至少和现有解释一样合理的解释。识别正确的意思是当你识别了眼前的情况时，只要没有人站出来，指出某些特征与你的结论并不匹配，你的识别就是正确的。简言之，只要你能阻止其他人用"否"来攻击你的想法，你就一定是对的。

局限性

是/否系统本身具有巨大的优越性（实用性强、速度快、果断、讲顺序等），但它也有局限性，而且这些局限性有时会被忽略。

得过且过

当你为某个问题提出了一个解决方案，得到的回复为"否"时，说明你的方案行不通。在实践中，这意味着你要"继续提供其他解决方案,直到不被判定为'否'"。当你回答了一个问题,得到的回复为"否"时,说明你必须继续寻找其他答案。这就像你在寻找目的地时走错了路,路的尽头竖着一个"否"标志,告诉你回去吧,试试另一条路。

但是,一旦你找到了不会被判定为"否"的解决方案或答案,你的努力就宣告结束了,你就不会再继续尝试。你一旦找到了过得去的答案,"否"这个工具就失去作用了,无法再促使你进一步思考。然而,在过得去或"足够好"的答案之外,还存在着更好的答案——只要你肯用心去找。不过"否"工具只能推动你找到过得去的答案,之后它就失效了。

永久标签

"否"还可以用来阻断思路,引导人们去探索其他途径。"否"的对象是思考。就像犯人一旦被定罪,他余生都将被贴上"罪犯"的标签一样,一个想法一旦被否定,可能也会被贴上"不可能"的标签,永远撕不掉。即使环境发生变化,曾经被否定的想法变得可行,人们也很难撕掉这张标签,重新审视这个想法。

20世纪初就曾有人设想制作浮法玻璃,但遭到了严词拒绝。后来的研究员显然不知道这回事,他们重新提出了这一构想,并成功地将其付诸实践。如今它已成为全世界范围内生产平板玻璃的主要工艺。

想法之间互为基础。因为"否"标签具有永久性,所以当前想法的基础有可能是很久以前对它的否定。这种否定当时是合理的,但时过境迁,早已变得不合理了。许多饮食禁忌最初建立在卫生条件的基础上,因此是合理的:比如某种肉是一种危险的食物,因为天气炎热时,它很容易变质,而且有许多寄生虫。但是,随着冷藏和胴体检疫技术的发展,这种否定的基础早已失效了。

两极分化

是/否系统在被拒绝的东西和被接受的东西之间划下了一条清晰的分水岭。一件事要么是对的,要么是错的。我们完全可以制作一把标尺,从一端的绝对正确平稳过渡到另一端的绝对错误,比如:绝对正确、最符合事实、大概率正确、有可能正确、值得怀疑、感觉不正确、似乎有错、乍一看有错、错误、明显错误、立即放弃、绝对错误。标尺上还可以有其他可供选择的刻度。

语言可以用于制作这种标尺。然而，在实际思考时，它很少被用到，因为思考的结果倾向于落在标尺的两端：绝对正确或绝对错误。这是很自然的。如果一个想法会遭到拒绝，你就不想再浪费时间考虑它，所以果断把它从脑海中删除。如果一个想法是可接受的，你就得根据它采取行动。如果你打算行动，你最好确信这个想法是绝对正确的，因为你不能采取一半行动或做出半个决策。

一位渔民把捕捞到的鱼分进两个筐子里。他把最好的鱼放进标着"拉到市场上卖"的筐子里，把损坏或变质的鱼放进标着"喂附近的猫"的筐子里。结果，一些一般的鱼和非常差的鱼一起被放进了要喂猫的筐子里，而一些不太好的鱼和非常好的鱼一起被放进了要出售的筐子里。如果这位渔民有第三个标着"不确定""带回家吃"或"值得再看一眼"的筐子，他就可以用它来盛那些没有好到被完全接受，但也没有差到被彻底拒绝的鱼。理论上，我们确实有这种"中间筐"（比如"也许""可能""不大可能"），但在实际思考中，我们对它们的使用并不充分。我们认为它们是站不住脚的、无效的，即使我们处理的问题并不明确，我们也更愿意和明确的想法打交道。

对于清晰的分界线的偏好，意味着我们提出的概念是"棱角分明"的。事物要么完全属于一个概念，要么和这个概念完全不搭界。我们不会把猫认成狗，也不会把狗认成猫。我们会说猫绝对是猫，绝对不是狗，反之亦然。如果你想把猫和狗当成同类，就必须把它们都视为"动物"。在实践中，虽然可以把猫和狗都称为动物，但是这并不能消除二者之间清晰的分界线。两个概念仍然独立存在，而且因为我们总是追求最精确的概念，所以我们倾向于用这两个概念，而不是"动物"。因此，把白人和黑人都称为"人"并不能消除这两种肤色之间明显的分界线。

傲慢的正义感

傲慢的正义感是由是/否系统直接引起的，对人类而言，它很可能是最危险的思维错误。

>>> 正确催生傲慢

"圆筒里肯定有个东西。它会在一段时间后，比如20分钟后，改变圆筒的重心。"

"除非重心落在底面之外,否则物体不可能自己倒下。因为没有看到重心的变化,所以它肯定是从下面被推倒的。"

"黑筒的底部处于一定的角度,所以一段时间后它必然会倒下。"

"从门口吹来的风——这肯定是一个基本原因。"

"影响其位置变化的唯一因素(不包括看不见的内部装置)是温度。它肯定使圆筒内某个很重的东西在圆筒内向上移动到了顶部,导致圆筒失去平衡。"

"只有两种可能:要么是圆筒内的重量分布发生了变化,要么是圆筒的底部发生了变化。"

在实验中,参与者并没有机会接触到黑筒。由此可以想见,他们提出的解释应该是试探性的。然而,在很多解释中,我们都能找到"肯定""唯一因素""唯一有可能的解释"之类的字眼。在关于圆筒的对话中,他们的发言甚至更加武断。他们就像在寻找一个绝对坚实的地基来盖房子,而且在盖之前,必须先确定地基足够稳固。

这种"确定性"通常分为两种。第一种以唯一正确为基础,即参与者认为自己的解释是唯一有可能成立的。

但事实上，这只是因为他想不出另一种解释。在前面给出的例子中，有一个人认为温度是圆筒外唯一的影响因素，而其他人却提出了声音、风、震动、子弹等因素。最后一个例子宣称"只有两种可能"，他显然忽略了圆筒还可能因为下陷而倾倒。

第二种确定性以逻辑正确为基础。上述第二个例子给出的结论是，圆筒一定是从下面被推倒的。但是，即使你同意它的前两步推理，最后的结论仍然存在许多其他的可能性，比如圆筒底部塌了，又比如圆筒本身就立不稳，是靠胶水固定住的，后来胶水不黏了。况且，前两步推理本身也有可能是错的，因为在某些情况下，一个重物突然砸向圆筒的侧面也会使它翻倒。下面这个推理就利用了这种可能性："圆筒翻倒的前提是它受到了横向的力。因为未见到横向的力作用于圆筒的外壁，所以它肯定作用于圆筒的内壁。因此，圆筒内肯定布置了某种装置，比如一个重物压在弹簧上，突然弹出去后击中了圆筒的内壁。"

这个推理的逻辑顺序没有任何问题，但是它的结论，即圆筒肯定是被作用于内壁上的"横向的力"推倒的，忽略了很多其他的可能性，比如圆筒底部的某一部分凹陷了。

概念先行

目前看来，逻辑顺序本身是好的，但仅限于通过某种合理的方式，把已经存在的基本概念组合起来。这么做的危险在于，这些基本概念被巧妙地组合起来以后，会使人产生一种傲慢的正义感。更糟糕的是，这种正义感会阻碍我们进一步探索其他的可能性。这就在逻辑正确的基础上又叠加了唯一正确。值得注意的是，在黑筒实验中，只有十分之一的参与者认为除了他们提出的解释，可能还存在其他解释。

建立在傲慢的正义感上的智识传统

西方的智识传统在很大程度上以傲慢的正义感为基础。其基本观点是：绝对正确是有可能实现的，实现绝对正确的途径是逻辑推理。长久以来，哲学家们坚守着通过这种方式得到的结论，对它们的绝对正确深信不疑。于是，人们认为，既然这些结论绝对正确，而且必然正确，那就没有必要再去寻找其他的可能性，因此行动也有了坚实的基础。人们还认为，一旦实现了绝对正确或得到了"真理",再去探索其他想法就是多余的,因为它至多带你回到已经到达的位置。

这种智识传统的主要缺点在于,它虽然看似以逻辑正确为基础,实则建立在唯一正确的基础上。一旦一组特定的基本概念形成,并且被组合成一个连贯的逻辑结构,就会让人觉得它是唯一有可能正确的。例如,"自我""因果"和"时间"等概念看起来都具有绝对的正确性,但事实上,它们只实现了唯一正确(因为我们还没有提出以不同的方式看待这些事物的其他概念)。任何做过思维实验的人,都不可能不对正确的逻辑顺序催生的傲慢印象深刻。在这种情况下,你根本不可能指出结论的正确性仅限于一开始使用的特定概念。我们太容易从一个假设出发,然后只因为该假设得到了巧妙的处理,就感觉它被证实了。

傲慢的类型

在极端情况下,绝对正确催生的傲慢有很多种表现形式。其中三种最常见的形式如下:

(1)无可替代:认为只存在一种看待事物的方式。

它千真万确，独一无二，所以根本没有必要寻找其他方式，也可以不经检验就认定其他方式是错的，不予考虑。

（2）无可改变：认为某个想法是完美无缺的，没有改变或改进的余地。

（3）不可回避：认为某个想法是绝对正确的，因此每个人都必须努力接受它。不接受这一想法只能是因为无知、愚蠢或意愿不足。

傲慢、有效性和盲信

目前看来，行动最有效的基础，就是一个人对想法的绝对正确的盲信。这种傲慢的笃信产生了四个结果：

（1）一个用以判断行为并选择最佳行为的明确标准。

（2）一种解脱，即不必考虑其他观点，更不必去寻找其他观点。

（3）一种权利，即有权勉强其他人接受某种特定的观点。

（4）高于私利冲突的行动理由。

我们可以在政治领袖、宗教领袖、军事领袖、商业领袖等的身上看到这种盲信的有效性。如今(和以往任何时候一样),左翼政治和右翼政治的傲慢程度不相上下,双方都在抱怨对方的这一特征,而且双方确实都是这样的。平心而论,虽然人类攻击自己的同类是因为傲慢,但是人类的进步往往也源自同一种傲慢。当人们傲慢地拒绝考虑新观点时,科学发展会遇到阻碍,但是当有人傲慢地相信(甚至到了偏执的地步)一个被其余所有人拒绝的新观点时,他通常会带来进步。

毋庸置疑,傲慢的正义感和确定感与想法本身正确与否没有任何关系。即使是最荒谬的想法,人们也可能会傲慢地对它深信不疑。精神错乱的人的一个主要特征就是他无比确信那些在其他人看来非常疯狂的想法。

同样地,傲慢的程度与持有观点的人数也没有太大关系。二者之间甚至成反比。当持有某种观点的人很多时,彼此不同的表达方式会使傲慢变得柔和。但是当持有该观点的人很少时,这个小群体的内聚性就会让这种观点变得更加纯粹,外界的反对也会助推这一过程。没有什么比半信半疑更能摧毁人们对某一观点的傲慢态度。一个想法在系统外可能会显得荒谬,但是当你把它放进系统内的逻辑语境时,它就会变得无比合理。

傲慢与愚蠢

愚蠢最典型的特征不是思考无能,也不是知识匮乏,而是对观点的确信。这种对观点的确信很容易达到傲慢的程度,建立在唯一正确的基础上(德博诺第二定律:证明某事物是唯一正确的,往往只是因为你还不具有提出替代解释的想象力)。替代观点的缺失导致现有的唯一观点看似是绝对正确的。如果这唯一的观点恰好也实现了情感正确,那么人们对它的确信会更坚定。

我甚至敢说一个人只要不傲慢,就不可能愚蠢。这也许是值得教育关注的一个问题。

合理的傲慢

虽然绝对正确的感觉是人类思维的特征,但是它只在一种情况下是合理的,即思维活动发生在一个封闭系统中的时候。当一个人从建立特定的基本概念出发时,就会形成一个封闭系统。这时,从这些概念中得出的结论在这个人造系统中就具有绝对正确性。

数学显然就是一个封闭系统。你先决定把两个橘子称为"2",把两组两个橘子称为"4",然后你会发现2

加2等于4或者两个2等于4。因为这个系统一开始就是你自己建立的，而且随后发生的一切都隐含在你的设计之中，所以你可以百分百确定计算结果是正确的。

如果一个人处在封闭系统中，那么只要没有犯错，他就有理由对自己的结论感到傲慢。比如发明一个纸牌游戏，然后遵循自己一开始设定好的规则。但是，当他错把开放系统当作封闭系统时，危险就出现了（比如观察世界，然后形成对它的基本概念）。当一个人确实犯了这种错时，他就会试图表现出只适用于封闭系统的傲慢的确定感。

傲慢的正义与思维过程

矛盾之处在于，人类在思考中对于绝对真理、确定性和固定观念的需要与大脑作为一个生物系统的运作方式是相悖的。生物系统的运作靠的是变化和进化，而不是进入静态状态后非此即彼的选择。在进化过程中，过于精确、稳定和平静的物种很快就会灭绝，因为它的变化过程已经结束。人的思想和自然界里的动物一样，也需要适应环境。想法越绝对，进化的概率就越小。生物系统总是通过体验环境来寻求改变和改进。与之相反，静态系统只有变成封闭系统，并且掌控它所处的环境的方方面面，才能维系下去。

我们可以从教育中看出生物系统与静态系统的区别。教育更喜欢遵循固定的要求和固定的满足要求的方式（课程、考试等），所以它通常是一种静态系统。当我们把教育看作一个自己给自己设定成功标准，继而满足这些标准的封闭系统时，它的模式是行得通的。但如果我们把教育看作一个应该适应不断变化的社会需求的生物系统时，固定观念就会成为一种阻碍，而不是助益。

我们对于绝对真理和确定性的需要受各种因素影响，其中包括：

（1）我们需要一个确定的目的地，即工作的目标。

（2）我们需要固定的标准来帮助我们进行决策和判断。

（3）我们需要普世且不变的观念，以使自己的行为与他人的行为保持一致。

（4）我们需要从"自知是正确的"中产生的安全感。

以上这些都是影响行为的实际因素。关键是，要把对于稳定性的需要和对于流动性的需要结合起来。

彻底的流动等于混乱，而彻底的稳定等于僵化。重点在于，稳定性本身是绝对的，但流动性不是。一旦你承认了流动和变化的可能性，你就可以选择变化的速度，使这个速度既能为实际行动提供足够的稳定性，也能为进化发展提供足够的变化。但是，一旦你选择了稳定性，改变的可能性就被完全排除了。行驶中的车可以减速，但是雕像永远不会自己移动。

>> 傲慢错误

我们对确定性的需要源于是/否系统的本质，源于把自己的行动建立在坚实的基础上的渴望，源于把自己的思路引向明确终点的冲动。确定性的目的是提供明确的界限，从而把想法或结论固定下来。想法一旦固定下来，就不存在探索替代想法或优化现有想法的可能性了。这种固定机制就是前文（第六章）描述过的傲慢钳。为了把想法转变为行动，想法必须有足够的确定性，因此把它固定下来确实有一定的实际价值。但是，为使想法本身具有绝对的确定性而把它固定下来时，它就很可能会演变成断言错误。

怀疑

怀疑似乎可以被看作是傲慢的反义词。但如果一个人不被允许对任何事物持肯定态度，他就只能变得束手无策、优柔寡断。又因为我们永远无法确定自己是对的，所以冒着犯错的风险去行动肯定比原地徘徊要好得多。这么说也没错，但是我们可以区分两种怀疑：

（1）延缓式怀疑。这是一种"减速"怀疑。在这种情况下，人们不确定行动是否正确，甚至不确定该如何行动。这好比因为不确定公交车要驶向哪里，所以拒绝上车。

（2）推进式怀疑。这是一种"加速"怀疑。在这种情况下，人们会欣然前进，不需要确定行动是否正确。人们做自己感觉正确的事，并且随时准备在需要改变的时候做出改变。这好比对公交车的去向进行合理猜测后就上车，因为他知道猜错了可以随时下车。

限制人们行动的是延缓式怀疑。推进式怀疑意味着你不必等待想法具有足够的确定性后才行动,所以它加速了人们的行动。比起把行动建立在绝对确定的基础上,如果你时刻准备着改变、调整和改进你的行动,那么你的行动会更自由。

反傲慢

我们并不是真的要寻找与傲慢的确定性截然相反的东西。我们的重点不在于寻找对立面,而是减少不合理的傲慢。如果一件黑色的衣服沾上了污渍,你要做的不是把它漂白,而是想办法去除污渍,恢复它原来的颜色。因此,我们应该设法消除抑制思考的傲慢。幽默就是其中一种途径,关于这一点,我们将在下一章中展开讨论。

> 没有什么比半信半疑更能摧毁人们对某一观点的傲慢态度。
>
> 我甚至敢说一个人只要不傲慢,就不可能愚蠢。
>
> 毋庸置疑,"否"是我们最重要的思维工具。
>
> 傲慢的正义感是由是/否系统直接引起的,对人

类而言,它很可能是最危险的思维错误。

我们太容易从一个假设出发,然后只因为该假设得到了巧妙的处理,就感觉它被证实了。

第九章
幽默、洞察力与 Po

>> 幽默

"那个黑色圆筒是被鸟或发条老鼠弄倒的。"

"圆筒翻倒：因为里面藏了一只用吸盘当爪子的发条老鼠。它沿着圆筒内壁往上爬，导致圆筒头重脚轻，最后翻倒了。发条装置是静音的。"

"那个黑色圆筒里有个小矮人，他威士忌喝多了，摔倒时碰翻了圆筒。"

"它死了。"

"它觉得无聊，睡着了。"

"那里面有个小矮人，他每20分钟醒来一次，伸伸懒腰。因为他的一条胳膊比另一条长，所以他推圆筒一边的力比另一边大——圆筒就是这么倒的。"

"翻倒——神的旨意。"

"圆筒顶上吊着一只蜘蛛，它拉着细线荡来荡去。最终用力过度，撞到圆筒上，把它撞倒了。"

"它累了。"

"那个黑色圆筒其实没有动，是房间倾斜了。"

"它醉了。"

圆筒里真的会有小矮人吗？或者老鼠？吊在细线上的蜘蛛能重到把圆筒撞翻吗？圆筒真的会累、会醉、会无聊吗？

这些解释对吗？

它们是错的吗？

还是说它们的目的只是博人一笑？

逃离是 / 否系统

幽默提供了一种逃离僵化的是 / 否系统的途径。以搞笑为目的的解释处在系统之外，所以不受是 / 否系统的判断。幽默有它自己的规则。展现幽默时，你说的话可以带有明显的错误，也可以说一些不可能发生的事情。例如，你不可能找到一个矮小到能钻进实验中的黑色圆筒的小矮人。正常人的胳膊不大可能一条长一条短，小矮人也一样。即使胳膊的长度不一样，圆筒受到的推力也不会有太大区别。即使这个小矮人用更大的力去推其中一边,也不会把圆筒推倒。然而,这个解释本身是有趣的,因为它看上去似乎有些道理。这个解释也是有意义的,因为我们可以看到其中疯狂的逻辑。虽然它与现实不符,但思路是完整的。

把圆筒比作人,会因为喝醉或(听了讲座)无聊而摔倒,甚至会死掉,这也是一种疯狂的逻辑。

一半正确

幽默的解释一半是有趣的,但也有一半是正确的。引诱老鼠爬到圆筒顶部去吃奶酪,或者让小矮人沿着梯子爬到圆筒顶部,实质都是靠移动重物把圆筒变得头重脚轻(尽管这种方法行不通,但这是被许多参与者选择的一种机制)。如果一开始的想法是让小矮人爬梯子,那么后面你就有可能把它替换成用电动机转动螺旋轴来使重物向上移动。

继续思考

以幽默为目的时,我们可以说一些在其他情况下不能说的话,因此我们可以披着幽默的外衣继续思考,优化已有的想法。从拉着细线荡来荡去的蜘蛛,我们可以想到用重物撞击圆筒的一侧，这在很多解释中都有体现。或者，我们也可能会想到来回摆动的钟摆或旋转中的重物，它会使圆筒晃得越来越厉害，最终翻倒。从把圆筒比作因醉酒而摔倒的人，我们会想到这个人腿软了，继而直接联想到圆筒底部有一部分软化了，或凹陷了。

幽默的想法可以充当踏脚石，帮助我们移动到更合理的想法。

半不可能

"半不可能"的想法本身是错的，但是它可以充当踏脚石，帮助我们得到正确的想法。老鼠爬到圆筒顶部吃奶酪、蜘蛛荡来荡去和圆筒喝醉都可以当作半不可能的想法。

步步正确

逻辑思维的本质是你的每一步都必须正确。如果每一步思考都是正确的，那么即使无法用任何方式检验，你也可以确信你的结论是正确的。这是个极其有用的过程，因为它使你产生了一种"只要每一步都走对，最终一定能得到正确答案"的自信，从而继续思考下去。从这一逻辑过程中产生了一种传统观念，即一切思考都必须合乎逻辑，人在思考时每一步都必须是正确的。

但是，当你一看到结论就能判断它的对错时，就没有必要确保每一步都是对的，因为你不需要通过这种方式来证明结论是正确的。如果你的手表丢了，你肯定一眼就能认出找到的表是不是你的，不需要验证。在解决问题的过程中，你通常可以通过检验方案本身来判断它是否可行，不需要检验得出该方案的过程。在发明或设计的过程中，你也是先提出想法，然后才设法验证它是否可行。很多时候，思考结果的有用性与得出该结果的过程无关。这时，遵循逻辑规则不仅起不到帮助作用，还会对新想法的产生造成很大的阻碍，因为逻辑不具有创造性。因此，我们应该从逻辑思考转向水平思考，它使我们能更自由地寻找解决方案，找到之后再证明它的合理性。在水平思考的过程中，使用半不可能的想法是常规操作。

》》洞察力

一旦领会了一个笑话的笑点，你就会茅塞顿开。你不需要别人向你"证明"或解释这个笑话。听了笑话后哈哈大笑，是因为你的思维突然发生了转变，能够以不同的方式看待事物。

课上到一半时,教授看见一个学生在看手表。于是他也看了看自己的手表,还放到耳边听了听。

在这个例子中,我们很容易看出这位教授是在暗示学生,自己比他更着急下课。

听了笑话后哈哈大笑,是因为你能够突然转换思维,换一种方式看待事物。同样的转换过程也发生在洞察事物的时候。你本来是以某种方式看待事物的,然后突然间,你能够转换思维,以新的方式看待事物。这种新方式即刻生效,就像你在转换思维后,立刻发现笑话很好笑一样。事实上,当你突然为一个并不好笑的问题提出一个具有"洞察力"的方案时,确实会把人逗笑。比如下面这个问题。

问题

假设要举行网球单打淘汰赛,共 111 名选手参赛。主办方想算出最少要进行多少场比赛。答案是多少?

读完题后,大多数人会拿起纸和笔,从有 111 名参赛者入手,计算第一轮比多少场,第二轮比多少场,等等。另一种方法简单得多,不需要动笔,几秒之内就能得出答案,但是必须进行洞察型思维转换(insight switch-over)。

也就是说,不再考虑冠军如何一步步产生,转而考虑失利者:最终肯定会有110位选手输掉比赛。因为每位选手只能输一场比赛,所以一共要进行110场比赛。

德博诺第一定律

洞察是人类思维中非常重要的一个过程。我们的大脑会形成固定的看待事物的模式,这些模式会变得越来越稳定,越来越强大。洞察力是唯一能使我们摆脱既定模式,意识到我们能以新的方式看待事物的机制。随着可用的信息越来越多,旧的模式和想法不能充分利用这些信息,必须通过洞察型思维转换来更新、利用这些信息。

大脑是一种生成模式的系统,我们对洞察型思维转换的需求是由这种行为直接引起的。这种需求是德博诺第一定律的基础:

"任何想法都不可能最大限度地利用现有信息。"

想法是随着可用信息越来越多而慢慢发展的,所以它对信息的利用是有限的。如果能一次性获取全部信息,那么该想法对信息的利用就会更充分。毕竟,建一栋新的公寓楼比改造旧房子要容易得多。

如果你给某个人两块如图 9-1 所示的塑料片，让他拼成一个易于描述的形状，那么他很可能会按图 9-2 的顺序把它们并在一起。如果你再给他一块如图 9-3 右侧一样的塑料片，他会按顺序继续排（图 9-3）。但如果你一开始就把这三块塑料片都给他，他就会把它们拼成一个简单的正方形（如图 9-4 所示，它比长方形更容易描述，因为不需要描述长宽比例）。

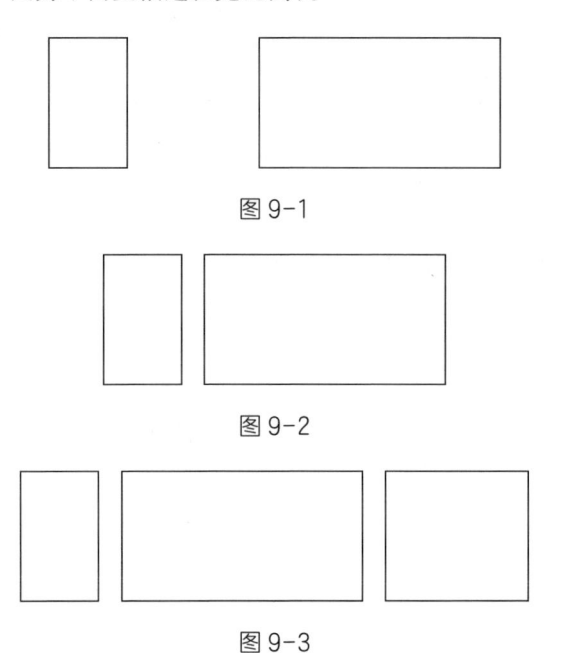

图 9-1

图 9-2

图 9-3

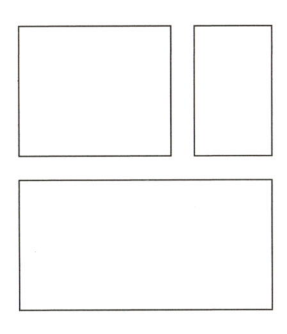

图9-4

不同的信息如何被整合成一个完整的想法，取决于信息出现的顺序。因此，我们随时都可以重构想法，以新的方式组合信息。

中断

洞察型思维转换的特点是中断，也就是摆脱现有的看待事物的方式，寻找新方式。因此，我们不可能在逻辑思维过程中实现洞察，因为它是连续的，而且要求思考的每一步都是正确的。"正确"意味着以事物应该被组合的方式对它们进行组合，也就是遵循既定的看待事物的方式。因此，逻辑思维只能维持既定方式，不能改变它。要想改变，就要进行水平思考。但是，在洞察型思维转换发生之后，我们可以回过头来，用逻辑思维证明为什么这种新的看待事物的方式是完全合理的。思考以下两种观点。

"电话、汽车、飞机等现代通信手段前所未有地拉近了人与人之间的距离。从前我们只能联系到几百米范围内的人,现在我们可以和数千公里外的人保持联络。"

"先进的现代通信技术使人与人之间的距离比从前更远了。"

乍一看,第一种说法似乎是合乎逻辑的,而第二种看法似乎有悖常理。然而,如果我们能实现洞察型思维转换,我们就会发现,第二种说法指的是先进的远程通信使我们忽略了近距离的"乡村式"通信。我们的朋友遍布各地,所以不再费心去和隔壁的邻居交朋友。但事实上,近距离通信能使人产生更大的满足感。因为住在同一个村子里,所以你不必付出特别的努力就能见到他们。只要你需要,他们就会出现在你身边。因此,只要能实现洞察型思维转换,你就会发现第二种说法也是合理的。

>> 新词"Po"

"否"作为一种思维工具，是逻辑思维的基础。有了它，我们就可以拒绝错误，确保每一步都是正确的。Po 是一种新的思维工具，但它的功能和"否"完全不同。Po 是一种用于中断、洞察和幽默的工具。使用 Po 就像讲笑话一样，能使人跳出僵化的是/否系统。

"Po"用在句子之前，表示我们要把它当成一个半不可能的想法。也就是说，这句话实际上有可能是错的，但是我们要把它当成踏脚石，帮助我们得到新想法。如果没有 Po（或幽默）这样的工具，你可能根本不被允许说荒谬的话。幽默有帮助我们逃离是/否系统的功能，而 Po 就是这一功能的结晶。

"Po，那个黑色圆筒是木制的，一群特殊的隐形白蚁爬过桌子，把圆筒底啃得凹凸不平，导致它失去平衡，最终翻倒了。"

从这个半不可能的想法，我们可以直接联想到圆筒之所以翻倒，是因为圆筒底消失了一部分（例如凹陷、充气袋漏气、支撑一侧底部的冰块融化了等）。

Po 的两种用途

Po 的基本功能是抵消是 / 否系统的僵化、傲慢和单调。它的两种用途实际上是这一功能的两个不同方面。

第一种用途：解放

如果一个想法既达到了逻辑正确，又达到了唯一正确，它就会被认为是绝对正确的。Po 的作用就是挑战这种绝对正确，表明该想法只是众多看待事物的方式中的一种。Po 把人从僵化的观点中解放出来。Po 在是 / 否系统之外起作用。Po 并不意味着"这种说法是错的"或"那种说法是对的"。当我们（在词、句子、论述等之前）使用 Po 时，它的意思是"这是一种观点，是你从某些基本概念出发得出的观点。我接受它作为你的观点，但我不认为它是唯一的观点。让我们试着换个角度看问题。"Po 实际上是一种邀请，它邀请你摆脱特定的观点，水平移动，从而产生其他看待情况的方式。

"圆筒翻倒肯定是因为重心发生了变化。"
"Po！"
"道德败坏是当今世界所有问题的根源。"

"Po！"

第二种用途：激发

即使一个想法本身是错的，它也可以作为新思路的起点，或通往新想法的踏脚石。我们可以把 Po 当成这种半不可能的想法的标志，比如：

"Po 为了减少污染，工厂应该建在自己的下游。"

这看似荒谬，但是从这个半不可能的想法，我们可以直接联想到在修建工厂时，把进水管铺在排水管的下游。这样一来，工厂实际上就在自己的下游，所以工厂必须更仔细地处理它排放的污水。Po 是半不可能的想法的保护罩，在它的保护下，我们可以利用这类想法到达坚持逻辑顺序时无法到达的位置。从这个新的位置看问题，可能会产生不同的看法。

以一个著名的悖论为例。一个人走到你面前，说：

"我只说假话。"

假设他确实只说假话,那么他这句话就是真的,所以他不可能只说假话。我们可以用Po来说:

"Po他说的不是自己,而是他的双胞胎哥哥。"

如果他说的是真的,那么他的双胞胎哥哥肯定只说假话。但如果他说的是假的,那么他的双胞胎哥哥可能也是有时说假话,有时说真话。这时,他和他的双胞胎哥哥就可以再次合为同一个人,这个人有时说假话,有时说真话。

当一个想法被完全否定时,我们可以用Po来为它提供暂时的保护,使它可以充当新想法的起点。简而言之,Po使我们能够为了激发新想法而随心所欲地利用现有的想法。在诗歌中,诗人用文字和意象来激发想法,而不是把它们当成准确的分析性描述。Po作为一种激发工具,在日常语言中起着同样的作用。

"Po车轮应该是方的。"这会使乘车的人感到非常不舒服,因此只有在绝对必要的时候才会开这种车。

小结：转变与新想法

Po 是一种创造性工具，可以帮助人们转向新想法。这种转变有两种途径，一种是摆脱不再被视为绝对正确的旧想法（Po 的解放功能），另一种是产生可以替代现有想法的新想法（Po 的激发功能）。

幽默为我们提供了一种逃离僵化的是/否系统的途径。

"半不可能"的想法本身是错的，但是它可以充当踏脚石，帮助我们得到正确的想法。

洞察力是唯一能使我们摆脱既定模式，意识到我们能以新的方式看待事物的机制。

第十章
想象力

>> 想象力的四个方面

想象力是个重要而有用的词。我们很难精确定义这个词,它也不会因为精确的定义而变得更有用。想象力似乎包含以下四个方面。

生动的画面

这意味着当我们被要求想象某个人物或场景的时候,我们脑海中的画面会非常逼真。想象艾玛阿姨时,你可以精确到她说话时皱鼻子的样子。想象度假地的渔港时,你可以清晰地看到每一艘船停泊在岸边咖啡馆旁的样子。生动意味着丰富的细节。整幅画面不是模糊的一团,每一个特征都清晰可见。

多样的选择

如果你让某个人列出他能想到的所有烹饪鸡蛋的方法,他可能会说:煮、煎、炒。另一个人可能会补充说:烤、煎。第三个人可能会再加上炖。在我们看来,能一次性列出所有方法的人比只能列出三种方法的人更有想象力。想象力的关键不在于拥有多少知识,而在于能否想到这些知识。在实践中,我们很难区分想象力和知识。如果你让某个人列出所有以"S"开头的女孩名字,他也许能说出 10 个:苏、莎莉、雪莉、萨曼莎、萨拉等。如果这个人是在校的女学生,那么只要回想朋友的名字,她就能列出更多。因此,记忆、知识和想象力是相互交织的。但是和想象力的第一个方面一样,丰富是回答问题时的关键。想象力的第一个方面需要丰富的细节。这里需要丰富的选择。

不同的角度

这意味着从不同的角度看待事物。例如,看到半瓶牛奶,有人会说瓶子是半满的,有人会说它是半空的,还有人会说它是盛满了牛奶和空气的混合物。

创造性想象

这涉及幻想,以及描述不曾亲身经历过的事物的能力。关键是能够把不同的事物组合起来,创造一种新的体验。想象力的这一方面随后将在创造力一章中进行更全面的讨论。

>> 黑筒实验中的想象力

在黑筒实验中,为了解释黑筒翻倒的原因,参与者们发挥了各种各样的想象力。虽然只有十分之一的参与者给出了一种以上的解释,但是不同的参与者给出的解释之间存在着巨大的差异。看着这些五花八门的解释,你就会意识到个人的想象力是多么贫乏。

一旦看到了其他人的解释,你就能立即理解他的思路。但是要刻意想出不同的解释,对个人而言是非常困难的。

为了对参与者们提供的解释的范围有所了解,我们可以选取几个明确的特征,看看不同的人是如何产生不同的想法的。

延时装置

黑筒是过了一段时间之后才翻倒的，这是其行为的主要特征之一。有趣的是，参与者们从不同的角度解释了这一延迟现象。

（1）并没有真正延时。黑筒翻倒是人为的（例如讲师推了它一下或晃了一下桌子，讲师的同伴或其他人从远处将它击倒了）。

（2）纯属偶然。黑筒本身就只能勉强立稳，因此从门口吹来的风不可避免地会在某个时刻将它吹倒。

（3）利用可预测的行为。比如黑筒内有个能被笑声触发的装置，或者所有人同时拿起笔时带动的风把黑筒吹倒了。这时，黑筒的翻倒在一定程度上是受讲师控制的，但这种控制是间接的。

（4）渐进的过程。这意味着某个缓慢的过程一直在进行中，效果逐渐累积，最后导致黑筒倾倒。这类缓慢的过程包括：

沙子（类似于沙漏）
铅粒（一粒一粒落下来）

蜡熔化

冰融化

液体缓慢蒸发

水通过极细的管子流走

糖浆流动

球或杆子在油中移动

利用摩擦装置大幅降低运动速度

空气从极小的孔中流走

利用旋转的螺旋轴慢慢把重物升上去

空气被慢慢加热而膨胀

通过电解反应慢慢产生气体

（5）延时装置。这和上述的渐进过程很像,但装置本身不会弄倒黑筒,而是会触发某个东西,比如弹簧。

钟表

发条

电动"延时装置"

将重物移动到圆筒顶部

有些人错误地以为圆筒只要变得头重脚轻就会翻倒,因此在解释中提出了各种把重物移动到圆筒顶部的方法。

用吸盘当爪子的发条老鼠爬上光滑的圆筒壁。
蜗牛沿着圆筒一侧爬上去。
老鼠爬上楼梯。
重物上浮。
昆虫聚集在圆筒顶上的灯周围。
旋转的螺旋轴把重物升上去。
液体先蒸发,然后在顶部凝结。
气压迫使液体向上流动。
沸腾的液体被迫向上流动,就像在咖啡机里一样。
慢慢松开被压着的弹簧,最终把重物弹上去。

圆筒壁受到冲击

圆筒显然不是从外面被推倒的,因此有几种解释认为它是从里面被推倒的。

一个柱状物倒在圆筒壁上。

杆子一根根倒在圆筒壁上。

弹簧（或皮筋）把重物弹到圆筒壁上。

小球从弯曲的管子里滚下来，击中圆筒壁。

摆锤击中一侧圆筒壁。

小球在磁铁的吸引下穿过油，击中圆筒壁。

一个小矮人喝威士忌喝醉了，摔倒时碰翻了圆筒。

圆筒底发生了变化

有很多解释认为圆筒翻倒是因为底部发生了变化。这种变化可大致分为两类：要么是少了什么东西，要么是多了什么东西。

减少了东西：

冰融化。

空气慢慢流走。

底部有一边突然断裂了。

圆筒的底部是用在重压下会慢慢塌陷的材料制成的。

圆筒底有一部分是蜡做的，会在室温下（或用线圈加热）慢慢融化。

增加了东西：

用电动机或电磁铁把钉子弹了出去。

温度升高使圆筒的芯膨胀，导致底面鼓了起来。

松开被压制的弹簧，导致底面凸起。

气球因气压增加（加热、电解或铅粒落在气球上）而鼓起来。

重物下落把钉子弹了出去。

空气被挤压出去。

>>> 相反的思路

通常情况下，当某种特定的思路显而易见时，我们就会忽略相反的思路也能达到同样的效果。在黑筒实验中，有一些参与者的解释表现出了与寻常思路截然相反的思路。

一开始就立不稳

寻常的思路是圆筒本来立得很稳，后来要么以某种方式被弄倒了，要么逐渐（或突然）失去了平衡自己翻倒了。然而，有几位参与者持与此完全相反的观点，他们认为圆筒一开始就是靠某种支撑才能勉强立稳的，后来这种支撑消失了。

其中一种解释如图 10-1 所示，圆筒的底部被削掉了一部分，靠蜡（最终会融化）或胶水（最终会失去黏性）或吸盘（最终会松动）固定在桌子上。

在另一种解释中，圆筒本身也是立不稳的，但是这种向下倒的倾向被放在另一边的重物抵消了。随着这个重物逐渐向对面移动，向下倒的倾向再次出现，最终导致圆筒翻倒（如图 10-2 所示）。有趣的是，如果这种解释是正确的，那么我们在前文中讨论过的所有认为圆筒是因为重量向一侧移动而翻倒的解释就都是正确的。

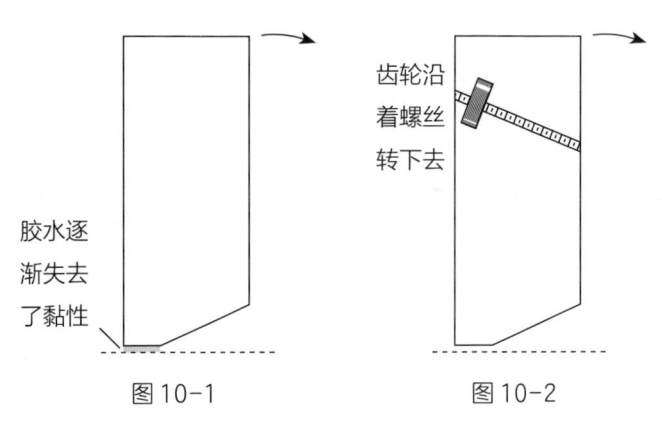

图 10-1

胶水逐渐失去了黏性

图 10-2

齿轮沿着螺丝转下去

一开始是弯曲的

许多解释认为圆筒的中间部分会慢慢弯曲、凹陷，直到它的重心落在底面之外。其中一种装置用到了在压力下会逐渐变形的"橡皮泥"。另一种利用橡皮筋的拉力使圆筒弯曲。还有一种用到了支点和重量的移动。

另一种有悖于寻常思路的解释认为圆筒本质上就是弯曲的，但因为筒壁是用蜡纸做的，所以可以在实验前加热圆筒，使它保持直立。实验时，室内的温度使蜡软化，圆筒最终恢复了原形。

结束一个过程

大多数用到电的解释都是为了启动某个过程：利用电动机使重物向上移动，用磁铁吸引重物或把钉子弹出去，提高温度使蜡融化。然而，有一种解释以完全相反的方式利用了电。它用一节手电筒电池给螺线管通电，产生的磁场能够吸住连在弹簧上的钉子（参见图10-3）。随着电池的电量耗尽，磁性逐渐减弱，弹簧不再受制，把钉子从底面的小孔弹了出去，导致圆筒失去平衡而翻倒。在这种情况下，电的消失是最终效果产生的原因。

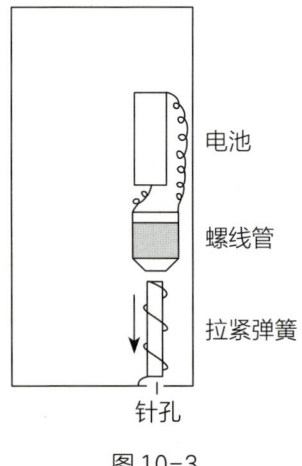

[图示:电池、螺线管、拉紧弹簧、针孔]

图 10-3

这种设计也是一种完美的延时装置。

>>> 想象力的价值

前面列出的不同想法,以及实现同一想法的不同方式,是由不同的人提出的。如果它们全部是由同一个人提出的,我们就会认为这个人具有丰富的想象力。但是,想象力有什么用呢?假设你很有想象力,能想出五种不同的方式来做同一件事,并能从中选出最好的一种,那么比起那些缺乏想象力,但是直接想出了最佳方式的人,你是更优秀的吗?

想象力与唯一正确

缺乏想象力的人可能会过分依赖唯一正确。如果你想象不到其他的解释，就很容易相信你提出的唯一一种解释是绝对正确的。正如德博诺第二定律所说："证明唯一正确的，往往只是因为你还不具有提出替代解释的想象力。"

想象力与基本思考过程

本书第五章中提到过，两个基本的思考过程分别是："继续"和"连接"。这两个过程的流畅程度取决于想象力。在"继续"过程中，丰富的想象力意味着你可以轻松地从一个想法移动到另一个想法。如果你想到了把钉子从圆筒底弹出去，你就可以快速地在想象中"继续"钉子弹出去引起的一系列效果：钉子弹出去——要突然，否则圆筒倾倒的速度会很慢——钉子的长度应该刚好能使圆筒倾斜到一定的角度，导致重心落在底面之外，然后翻倒——把钉子弹出去的力不能太大，否则圆筒会从桌子上弹起来，暴露整个过程——圆筒最后倒下时，弹出的钉子必须是不可见的，所以它要么像针一样细，要么能被重新收回去。为了继续考虑上述各种因素，我们要能够清楚地想象被弹出去的钉子的行为。

同样地，在"连接"过程中，想象力可以在一定程度上扩大思维起点和终点的范围，便于寻找连接。例如，当需要某种会慢慢消失的材料时，想象力丰富的人不仅能立刻想到冰和干冰，还会想到材料不一定非得消失，也可以转移（空气或液体从有弹性的容器中通过小孔流出去）或从硬变软（蜡）。

想象力能使基本的思考过程变得更加流畅，但是它本身并不能提高思考的正确性和有用性。

想象力与创造力

正如数字不等于数学一样，想象力也不等于创造力，但它是创造力的要素之一。

如果你想象不到其他的解释，就很容易相信你提出的唯一一种解释是绝对正确的。

第十一章
创造力

在黑筒实验中,只有十分之一的参与者为圆筒翻倒提出了一种以上的解释。只要提到了另一种可能性(比如"重心变了或者风吹的"),就算作两种解释,因此对于这个比例的计算是比较宽容的。

那么这个比例为什么这么低呢?以下是一些可能的原因:

(1)时间不足:留给参与者进行解释的时间确实非常短。如果时间长一点,可能会有更多的参与者提出多种解释。

(2)容易满足:当你对自己的解释感到满意时,自然就不会费力去思考其他的可能性了。

(3)主动排除:有的人可能确实想到了几种不同的解释,但他知道有些是行不通的,所以主动进行了排除。辨别力没那么强的人会把想到的所有解释都写下来,却没有意识到它们大多是行不通的。

（4）追求细节：有的人想到一种可能的机制后，就十分细致地把它画了出来，导致他没有时间考虑其他的可能性。无论什么时候，越追求细节，就越难以转向其他的解释。

（5）过于笼统：乐于停留在理解的第一层次或第二层次的人不可能提出不同的解释，因为它们虽然不同，但都属于同一个大类。因此，"它翻倒了"或"有一个装置使它翻倒了"其实包括了各种不同的使它翻倒的方式。

（6）缺乏知识：做出解释需要基础的机械或技术知识。如果对此一窍不通，就很难提出多种解释。

（7）缺少想法：最后，提不出多种解释可能是因为缺少想法，缺少产生想法的创造力。

以上所有原因都与被称为创造力的过程有关。创造力通常被用来描述结果。如果一个人提出了足够新的想法，或提出了许多替代想法，我们就会说他富有创造力。但是在想法产生之前，存在着一个能产生创造力的思考过程。为了区别于结果，我更愿意称这一实际过程为水平思考，即通过各种不被僵化的逻辑思考顺序所允许的方式，从一个想法水平移动到另一个想法。在本章中，我们用大众更熟悉的"创造力"一词来涵盖想法产生的过程、结果以及心态。

》 不满是追求创造力的基础

创造力的目的

创造力的根本目的是改变已有想法或产生新想法。这两个过程经常被混为一谈，但也可以截然分开：

（1）摆脱旧想法。
（2）产生新想法。

满足感与创造力

如果一个人已经有了看似令人满意的想法，何必再费心去改变它？如果你已经为圆筒翻倒提出了一个说得通的解释，何必再去思考另一个？

如果你在使用某个想法的时候，一直都用得很顺手，为什么要去改变它呢？

是/否系统不鼓励人们追求完美。在这一基本系统中，一个解释只要说得通，似乎就已经足够正确了。这种正确继而又得到了唯一正确的强化。也就是说，如果一个想法在其他想法出现之前被认为是正确的，那么它就会被视为唯一正确的想法。

改变想法

当我们需要以一种明显"不必要的方式"改变想法时，通常有三个基本原因，如下：

（1）因为你在这个想法中发现了其他人没有发现的错误。

（2）因为你拥有特殊的经验和知识，所以毫不费力地想到了更好的想法。

（3）虽然你没有发现这个想法的错误，也没有想到更好的想法，但你就是对这个想法不满意。

这种不讲道理的不满意就是追求创造力的基础。也许是因为你预料到可能存在一个更简洁优化的想法，也许是因为你对当前想法的繁复感到不满。无论哪一种，都将促使你去寻找其他想法，不再满足于是/否系统所要求的"足够好"的想法。产生这种"足够好就是不够好"的态度的原因有很多：对优雅或美的追求、专门的训练、刻意养成的思维习惯等。情感原因也可能会让人产生不满，甚至当一个人想通过拥有自己的想法来确立自我，彰显个性时，也会产生不满。

知识与创造力

在黑筒实验中，我们发现一些被认为具有艺术上的创造力的群体实际上比其他群体提出了更少的替代解释，这是个很有趣的发现。在一所艺术学院，提出了多种解释的参与者占全部参与者的4%，在另一所艺术学院，也是4%。在一个全部来自广告业的群体中，这一比例是7%。在一个混合了技术从业者和艺术从业者的群体中，有20%的人提出了不止一种解释。考虑到所有群体提出不止一种解释的平均比例是10%，我们可以确定在艺术从业者中，这一比例低于平均值，而在技术从业者中，这一比例高于平均值。直接影响这一比例高低的其实并不是创造力，而是知识。比起习惯考虑颜色、质地和情绪的人，习惯用磁铁、螺丝和细毛管解决问题的人更有可能解释圆筒翻倒的原因。

知识不等于创造力，但无论在哪个领域，要想提出新想法，都必须先掌握一定的知识。

另外，在一个领域有过多经验也可能会限制创造力，因为你太清楚应该如何处事，导致你无法跳脱出去，提出新想法。此外，掌握了过多知识意味着你不大可能不小心犯错，也做不到故意犯错。在黑筒实验中，凡是画出了详细设计图的人，很少能提出多种解释。

创造力和知识之间的关系可以用图 11-1 来表示。它不是根据实验结果而画的图，只是以一种直观的方式表

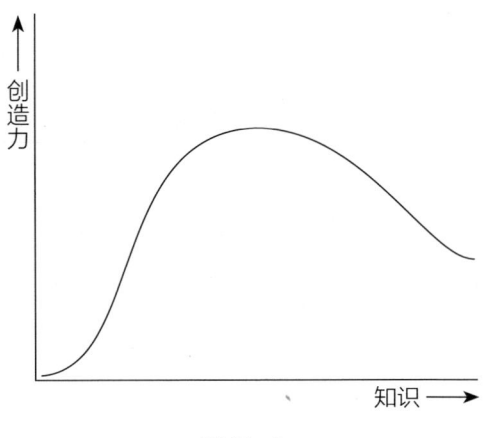

图 11-1

达了前面所写的内容。随着知识的增加，创造力快速提高，达到峰值后开始下降，因为知识的进一步增加会迫使人的想法进入既定轨道。

>>> 犯错与创造力

如果一个人提出了五个想法，排除了其中四个错误的；另一个人也提出了五个想法，但因为判断不出孰对孰错所以全部保留了下来，那么从结果来看，后者看起来会比前者更有创造力。我在"想象力"一章中列出的许多替代解释其实根本行不通。因此，只比较解释的数量是危险的，因为这可能会把提出了多种解释但主动进行了排除的人和根本想不出多种解释的人混为一谈。

然而，犯错往往是创造力的必要组成部分。原因如下：

（1）新想法会因为与先前的想法不符而被判定为"错"（即失配错误）。一段时间后，新想法可能会被证明是正确的，真正需要改变的是判断框架。但是这需要你在这段时间里坚持"错"的想法。

（2）错误的想法可能一直是错的，但是它可以作为踏脚石，帮助我们得到正确的想法。这就是前面所说的"半不可能"效应。我们可能意识到了半不可能的想法是错的，也可能当下并没有意识到它是错的。只要一个想法被判断为错，我们就可以立即拒绝它。但如果用 Po 工具再坚持一段时间，我们就有了更多时间利用它触发其他想法，而且也不妨碍我们最终拒绝它。

（3）错误使我们能够摆脱现有想法，或者和它保持一定"距离"。这意味着我们将从外部审视现有想法，也就能看得更清楚。即使最终不得不回到旧想法，至少我们可以保留这种新视角。

（4）错误可能会提出在其他情况下不可能提出的问题。巴斯德的助手不小心削弱了他培养的霍乱菌的毒性，导致这些细菌不能传染疾病，但是这个错误直接开辟了一个新的研究方向，即利用被降低了毒性的细菌来制作能预防疾病的疫苗。

在实践中，把错误当成半不可能的想法是对它的最具创造力的利用。例如，在黑筒实验中，一些利用冰块融化和重量转移的解释是错误的，但是我们可以借此直接联想到筒底部有一部分是用冰做成的，它慢慢融化后导致圆筒翻倒。我们还可以进一步想到用冰来压住弹簧，待它融化后，弹簧就会把钉子从底面的小孔弹出去。

技巧和时间对创造力的影响

有人认为，如果给参与者更多的时间，他们就能提出更多的解释。时间不足确实会打断创造力的自然发生，所以这么说有一定道理。但是时间本身并不能提高人的创造力。时间只能提高创造力出现的可能性，因为创造力产生于幸运的意外，而时间越长，意外发生的可能性就越大。但是，当你刻意投入大量时间去寻求创造力时，效果可能并不明显，因为你只是在一遍又一遍地重复常规思路。一些水平思考技巧和方法既有助于解除思维习惯的束缚，又能够通过特殊的设置鼓励想法的流动和重新组合，从而提高创造力出现的概率。即便如此，真正重要的也并非花在这些方法上的时间，而是运用它们的能力。

> 这种不讲道理的不满意就是追求创造力的基础。

> 在一个领域有过多经验也可能会限制创造力,因为你太清楚应该如何处事,导致你无法跳脱出去,提出新想法。

第十二章
注意力与线索

人的注意力是有限的。人只会对自己注意到的事物做出反应。这种反应可能是思考，也可能是行动（即我们通过嘴和肌肉，而不是大脑，进行的思考）。

环顾周围，可供我们关注的事物不计其数。但是我们不可能同时对所有事物做出反应。因此，我们会选择对一部分事物做出反应。如何划定注意力范围，决定着我们后续将如何行动或思考。在思考时，选择注意力范围是最基本的过程之一。

》》 注意力

在黑筒实验中，注意力范围看似是单一的，但即便如此，不同的参与者还是把注意力投向了其中不同的区域。有些人关注圆筒外发生的事，认为它是被人击倒的，或被风吹倒的。另一些人关注圆筒的底部，认为它发生了变化。还有一些人关注圆筒内重量的分布。

人在任何时候都不可能对全部的情况做出反应，因此一定存在着"划定"注意力范围的过程。划定的方式有以下三种：

按空间（只关注一部分情况）
按时间（只关注一系列事件的其中一段）
按深度（只关注一部分细节）

>> 不同的注意力范围

如果一个人在谈论如何做香肠，那么他显然不是在谈论如何做牛排。当注意力范围截然不同时，行动或思考就不会发生混淆。当双方共同决定他们所谈论的对象不同时，即使注意力范围有一定的重合，行动或思考也不容易发生混淆。例如，家长谈论的是他希望自己的子女接受什么样的教育，而与他对话的校长考虑的是适合大多数孩子的一般教育体系。双方可能会就这个孩子并不属于"大多数孩子"达成一致。

当注意力范围看似重合，实际上相去甚远时，就会

出现问题。问题出现的原因有三种,与划定注意力范围的三种方式一一对应:

(1)"空间"(注意力范围的大小)上存在差异。两个注意力范围有可能几乎完全重合,但仍存在只属于其中一个范围的部分。例如,在计算住院费时,高昂的人力成本会进入医院的注意力范围,但不会引起患者的关注。尽管双方的注意力范围都包含了患者照护的其他所有方面。

(2)"时间"上存在差异。这意味着一方比另一方看得更长远。例如,一个人可能会觉得某个小区的房价很低,而他的妻子指出,两年后这片区域的正前方将建起一栋大楼,不仅遮挡视野和阳光,还会使周围的环境变得更吵。

(3)细节"深度"上存在差异。一个人在拍卖会上相中了一匹马,因为它看起来威风凛凛,他甚至能想象到自己骑着它在猎场上飞奔时的英姿。但是他旁边的专家仔细观察了马走动时的样子,怀疑它可能有点跛。

在上述例子中,人们关注的情况看似相同,实则不同。他们的注意力范围不同，因为这个范围内包含了不同的特征。至于是因为一开始划定的注意力范围不同，才使它们拥有了不同的特征；还是因为先注意到了不同的特征，才选择了不同的注意力范围，我们通常无法确定。但这并不重要，重要的是不同的特征构成了不同的情况。试图了解未知的情况时，我们把注意到的特征称为线索。

>>> 线索

如果一个人看着倒在桌子上的黑色圆筒，只知道它翻倒了，而另一个人注意到它倒下时发出了砰的一声，那么两人看到的景象就不是同一个。前者可能会猜这个圆筒很轻，以至于被门口吹来的风吹倒了，而后者不太可能做出这样的猜测，因为他看到的是一个很"重"的圆筒。亲眼看着圆筒突然翻倒的人和错过它倒下那一幕的人看到的景象也不尽相同。在前者看来，圆筒里应该有某种装置，使它能突然之间翻倒，而在后者看来，圆筒里的装置也可以使它先凹陷或摇晃，然后再翻倒。

生成线索

就像侦探小说里一样,线索是多种多样的。这里列出了比较常见的几种。

(1)对所有人来说都显而易见的线索——但仍有可能被误解。

(2)对所有人来说都显而易见的特征,但只有被赋予某种意义时,才会变成线索。

(3)丝毫不明显但是需要仔细研究的线索。

实验参与者不被允许查看黑筒。他们不可以把它拿起来,晃一晃,检查它的硬度,观察它的底部,等等。事实上,有些参与者离得太远,甚至看不清圆筒的样子。搜集线索似乎难如登天。然而,有一部分参与者确实注意到了被大多数人所忽略的细节,而这些细节为他们提供了有效的线索。以下是其中一些细节。

"圆筒翻倒时,讲师似乎很惊讶。"这说明圆筒不可能是在讲师的操控下翻倒的(比如用非常细的尼龙线把它拉倒)。

"圆筒是突然间翻倒的。"这说明圆筒倒下前没有逐渐倾斜，没有摇晃，也没有凹陷变形。这一观察结果排除了许多解释（比如圆筒底部是用"橡皮泥"做的）。

"圆筒倒下时发出了砰的一声。"这说明圆筒很重，很难被弄倒。

"圆筒是朝着特定方向倒下的。"这可能具有关键意义，尤其是这个方向是朝着讲师或参与者的话。

"讲师在放置圆筒时似乎非常小心。"这说明使圆筒翻倒的装置可能受方向的影响，这么做也可能是为了让圆筒朝着参与者倒下，以免暴露圆筒被改造过的底部。

"圆筒是黑色的。"显然所有人都看到了，但这并不重要，除非考虑到用黑色是为了更好地吸收热量。

"在实验开始前，圆筒是横着放的。"虽然事实并非如此，但是我们可以据此联想到一种机制。例如，圆筒本身是立不稳的，但是里面盛有某种流速非常慢的半流体，把圆筒横放后，它会流向圆筒与桌面接触的一侧，这时再把圆筒竖过来，它就能立稳了。但是，随着半流体向底部流动，圆筒会再度变得不稳，最后翻倒。

"圆筒原本是倒置的，实验时才被翻了过来。"这说明圆筒里的装置可能利用了液体的流动或沙漏装置。

"圆筒翻倒后,桌子上没有留下蜡或水的痕迹。"这一细节排除了用冰支撑立不稳的圆筒或用蜡把它粘在桌子上的想法。

线索的作用

(1)产生想法

试图理解不熟悉的情况时,你会找一些线索来开辟思路。如果你是一名飞机观察员,你可能会关注机尾的形状。如果你是一名艺术品收藏家,你可能会仔细观察画作的笔触。正如本书"识别正确"部分所述,医生在诊断时,他最初的想法是由最明显的线索触发的,比如患者身上的疹子。要想通过这种方法产生想法,关注眼前的场景就足够了,但是通常情况下,我们还需要把注意力集中到某个特征上,尝试理解它的意义。

(2)确认想法

有了想法或猜测后,我们会寻找其他线索,看看这个想法是否符合实际。医生有了诊断思路后,会进一步查看患者的其他体征或症状,让他去做一些检查。例如,当医生初步判断患者患了十二指肠溃疡时,他可能会问患者是否会因为消化不良而在夜里被疼醒,或者吃东西能否缓解这种疼痛。一般来说，我们可以在情况发生的过程中寻找线索来确认我们的想法。但有时候，我们只能在回忆中寻找线索。例如，有人会在实验结束后回想：那个圆筒倒下前真的摇晃了吗？事后回想的效果显然不如当下确认的效果好。

（3）排除想法

正如本书"失配错误"部分所述，当想法与情况不符时，你就犯了失配错误。因此，我们可以寻找线索，来证明当前（自己或他人的）想法是错的，或者至少是需要修改的。或者我们也可以通过寻找线索，来排除其他几种看似一样有效的解释。在这种情况下，我们会利用找到的线索不断排除想法，并选择最终留下的一个。因此，在黑筒实验中，我们可以利用圆筒翻倒时讲师很惊讶这条线索，从而排除他故意弄倒圆筒的可能性。我们也可以利用鸭子飞不高这条线索，排除头顶上飞过的是鸭子这种可能性。

在线索和想法间往返

在实践中，我们会在线索和想法之间穿梭往来。我们可以根据线索产生想法、排除想法、确认想法，线索还能帮助我们修改想法。反过来，想法会告诉我们去哪里寻找线索、如何获取线索、该赋予线索什么意义。

危险之处

这样做的危险在于，一旦你产生了某种想法，你就很容易只关注与该想法相符的线索。在有些情况下，一件事情的发生确实存在着多种解释。当你确定了其中一种解释时，你可以轻易地找到足够的线索来证实它。但是其他人也可以找到足够的线索来证实另一种解释。这和忽略与你的想法不符的线索是完全不同的两种危险。

科学家追求错误

理论上，科学家唯一的目的就是证明自己是错的。他提出某个想法，只是为了做实验，以证明它是错的。发现一个想法的错误，意味着他可以提出其他更好的想法，然后重复这一过程。当然，如果科学家无法证明自己是错的，他会感到非常开心。但是，他仍然会继续尝试，因为每一次失败都为他最初的想法增添了价值。

为了证明自己是错的，科学家把所有的时间都用来制造线索。这就是实验的目的。所谓实验,就是专门创造条件,从而产生比正常情况下多得多的线索。科学家会尽可能地深入细节。除非他确定已经无法继续深入了,否则他绝不会轻易下结论。

实干家追求正确

与科学家不同,实干家因为要行动,所以必须及早确定自己是对的。对实干家来说,只要上班时能尽快发动汽车,他就会很开心,即使这意味着把热水浇在进气歧管[①]上。只要给他一个够用的解释,他就会停止研究细节。对实干家来说,说得通的解释就是好的解释。我们很难反驳这种态度,因为我们不可能把所有时间都用来怀疑、犹豫和进一步探索(虽然人们经常以时间不足为借口,固守"足够好"的解释)。我们唯一可以批评的,是人们有时会因为"实用的"解释而变得傲慢。在某些情况下,实用的解释确实更有用,但这并不意味着它一定优于更深入的解释。

---

① 对于化油器式或节气门体汽油喷射式发动机,进气歧管指的是化油器或节气门体之后到气缸盖进气道之前的进气管路。——编者注

范围分析

看别人掷骰子时，你不可能确定他会掷出什么点数。因此，人们会觉得对这种情况无可奈何，只能靠运气。科学家碰到尚未掌握全部细节的情况时，就是这种感觉。他们认为在这种时候，任何解释都只是神秘的猜测，无异于用早上差点撞到你的那辆车的车牌号来猜骰子的点数。

但事实上，关于这个掷骰子的人，我们可以得到很多信息。你可以确定他掷出的点数不超过12或不小于2。你可以确定他掷出的点数一定在这个"范围"内。

如果你对汽车的了解仅限于它有轮子而没有腿，那么你对它的了解确实不多。但是你可以据此判断，它会靠惯性从斜坡上滑下来，它不善于爬梯子或楼梯，也不善于在崎岖不平的路上行驶，它还跳不起来。同样地，对于大脑，我们并没有掌握神经网络和化学反应的全部细节，但是我们足够了解它这一类信息系统，因此可以在一个宽泛的范围内，总结它可能会犯的错误，分析它在思考过程中处理信息的一般方式。

实干家会在匆忙之中做出试探性的猜测，这不属于范围分析。范围分析是最大限度地利用一切可用的线索，划出一个宽泛但边界分明的可能性范围。

曲解线索

收集到大量线索后，人们是会为了串联所有的线索而努力寻找不同寻常的解释；还是会贸然做出简单的解释，不惜曲解或忽略与此不符的线索？

在实际情况中，人们倾向于简单的想法，因为人们认为解释得通的想法比解释不通的线索重要得多。正因如此，人类思维才拥有了"模糊"这一重要特性，这一特性非常有用，本书在第五章中已经进行了讨论。人的第一反应不是在相似的事物中找不同点，而是在不同的事物中找相似点。因此，一个解释只要差不多对，我们就会认为它是对的，而不是一发现说不通的细节，就完全抛弃这个解释。我们太容易忽略与现有想法不符的线索了，细胞中巴氏小体的发现过程就是一个经典的例子。在此之前，科学家们一直认为无法从外表区分雄性动物和雌性动物的细胞。他们有时会看到细胞核旁边的颗粒，但是都把它当成处理细胞时不小心造成的破坏而忽略了这一颗粒。因此，虽然科学家们早就开始用显微镜观察细胞了，但是一直到很久以后，才有人意识到这种颗粒是雌性动物细胞的一个典型特征。

在黑筒实验中，那些认为圆筒轻得能被风吹倒的人，都忽略了圆筒翻倒时发出的巨大响声。

第十三章
思考 -2

》》 分歧

注意力范围的选择是一个至关重要的过程，因为它为思考提供了起点。如果两个人从不同的起点出发，按照相同的指示，最终走到了同一个地方，你肯定会惊讶不已。在思考的时候，我们往往没有意识到看似相同的起点实际上是完全不一样的。我们通常把分歧归咎于思考过程中的错误，但过程往往是正确的，真正引起分歧的是起点不同。

分歧产生的原因可能是双方信息不对等，也可能是任意一种思维错误，比如量级错误、单轨错误、断言错误等。但目前为止，大多数分歧都是由起点不同造成的。这就像两个证人在法庭上描述车祸现场那辆黑色汽车的情况。双方各执一词，相互谩骂。到了最后，两人发现他们说的根本不是同一辆车。

无论思考本身多么优秀，只要起点不同，结论就会不同。事实上，一个人的思维越好，越有可能得出不同的结论。这显然就是本书第六章中所描述的失配错误的基础。也就是说，不同的人一开始看到的就是同一情况的不同部分，但是他们都以为自己看到的是整体情况，或者和对方一样的情况。

▶▶ 寻找各自的起点

思考 –2 是另一种思考方式。我们不再想当然地认为对方和自己谈论的是同一件事（只因为他自己是这么说的），然后想方设法地让对方认可自己的观点，而是通过在双方的观点之间建立联系来避免争论。双方都要仔细地把自己的思考起点描绘出来。如此一来，思考就变成了一个找寻重合之处和不同之处的过程。与此同时，也可以尝试开辟新的范围，来容纳不重合的部分。在思考 –2 的过程中，我们试图确定争论双方真实的位置，而不是向他们灌输他们应该处在什么位置。例如，在一场劳动争议中，双方描绘的起点如下：

工会代表：

他在工会中的地位。

展示成就的需要。

把劳动者团结在自己周围的可能性。

不对未来设限。

督促管理者提高效率。

今年的高额利润和股息。

劳动者在其他领域的遭遇。

生活成本高。

跟上通货膨胀。

当前的基本工资。

加班费和加班概率。

与自己是竞争关系，并且比自己更有说服力的其他工会领袖。

资方代表：

利润率。

他自己的地位。

他作为一个难对付的谈判者的名声。

股价、每股利润、收购出价，他所持股份的价值。

明年的利润。

市场趋势。

去年的利润。

从某个地方吸收成本的可能性。

价格上涨对市场占有率的影响。

日后可能发生的罢工。

对当前工会领袖的支持，或对改变媒体报道的渴望。

政府要求稳定工资而造成的压力。

工会代表关注今年的利润，而资方代表关注去年和明年的利润，即便是这样微小的差异也会造成巨大的影响。通常情况下，上面列出的所有因素都会在争论进行到某个阶段时被（有意或无意地）纳入考虑范围。但是，在思考 –2 的过程中，我们一开始就会把它们全部列出来，这样就不用再想方设法地把它们纳入考虑范围。它们也不会变成危险的隐藏因素，明明没有被提及却主导了整场争论。我们可能需要委婉地表述那些不容易被承认的关注点。例如，工会代表可以用"工会结构的稳定性"来间接说明与自己构成竞争关系的工会领袖，资方代表也可以用"职位有效性"来暗指自己的地位。只要双方对这些委婉语的含义心知肚明，它们就不会引起分歧。

双方的起点不同，视角不同，看到的"画面"也不同。普通的思考过程具有严重的局限性，因为我们必须先判断两幅画面孰对孰错，才能进入下一阶段，看到下一幅画面。当然，这幅新的画面也要经历对错判断，但这一次，这幅画面与我们在前一阶段所选择的画面之间的契合程度也将作为判断的基础。相比之下，在思考–2的过程中，我们接受不同画面同时存在的事实。我们不会通过判断一幅画面是错的而抹杀它的存在。在普通的思考过程中，我们煞费苦心地剥夺被判断为"错"的画面存在的权利，从而得出结论。事实上，当你判断某个观点为错时，只能说明它目前不符合你的框架，并不能说明该观点是否符合持有它的人的框架。

在思考–2的过程中，我们不仅承认画面的存在，还接受它是不可改变的。我们不否认它的存在，而是设法扩大画面，搭建"桥梁"，使人们不再囿于某个特定的画面，可以移动到其他的想法。判断某个画面是错的，不仅不能抹杀它的存在，还会把它孤立起来，阻止人们移动到其他的想法。在思考–2的过程中，我们当然也会认为某个画面是错的，但我们不会拒绝它，而是接受它的存在，把它当成一个半不可能的想法，帮助我们得到更好的想法。

》》 基本原则

思考 -2 的基本原则如下：

（1）把不同的画面描绘出来，而不是想当然地认为它们是一样的。

（2）接受不同画面的存在，并且意识到你不可能仅靠给画面贴上"否"的标签就使它消失。

（3）尝试提出起衔接作用的想法，帮助人们在不同的画面之间移动。

> 在思考 -2 的过程中，我们寻找起点，对它进行探索。在普通的思考过程中，我们往往会随心所欲地描绘起点，按照自己的意愿决定哪些部分应该存在，哪些不应该存在。

如何划定注意力范围，决定着我们后续将如何行动或思考。

大多数的分歧都源于这样一种假设：如果每个人看到的整体情况是一样的，那么他们应对的就是同一件事，所以出错的只能是他们的思考过程。

在实践中，我们会在线索和想法之间穿梭往来。

危险在于，一旦你产生了某种想法，你就很容易只关注与该想法相符的线索。

理论上，科学家唯一的目的就是证明自己是错的。

与科学家不同，实干家因为要行动，所以必须及早确定自己是对的。

在思考 –2 的过程中，我们试图确定争论双方真实的位置，而不是向他们灌输，他们应该处在什么位置。

结论

对老师来说，即使每天都要见到学生，记住学生的名字也会让他更容易认出他们。叫学生的名字"约翰·史密斯"比叫他"总是把青蛙带进教室的满脸雀斑的男生"要简单得多。日常思考是我们每天都会做的事，给它的各个组成部分取名字有助于我们辨认它是老朋友还是宿敌。例如，我们可以意识到自己在犯量级错误，或者和我们对话的人实现了逻辑正确，或者我们正在阅读的文章达到了"取名字"的理解水平。这些名字并不是用来把情况弄得更复杂的专业术语，它们的目的是让情况变得更简单，便于我们理解特定的想法。

除了讨论日常思考中比较实际的方面，比如正确的类型、错误的类型以及理解的层次，本书还探讨了许多思维工具，比如黑匣子、面糊词、是/否系统、Po等。当然，许多内容被省略了，许多内容做了简化处理。本书的目的是提供一种实用的日常思考法。日常思考有别于数学逻辑等理想化的体系，期望它和数学一样精确是徒劳无益的。它没有那么精确，也永远达不到那么精确。我们必须接受事物本来的样子。我们也不能忘记，虽然一些日常思考工具（黑匣子、面糊词等）在逻辑学家看来是极度模糊且毫无意义的，但在实践中，它们的用处非常大。

本书所写的一些内容的重要性是不言而喻的。但是，我从不认为把原本明显的东西变得更突出能造成任何危害，因为往往越是显而易见的东西，越是缺乏关注。例如，村花效应大家肯定都不陌生，但是它值得反复强调。其他内容则没那么显而易见。当作者想把书写得简单一点时，总是会出现这种风险。另外，肯定还有很多读者注意到了，但我自己没有注意到的东西。

我不希望本书中有任何字句被当成必须认可或接受的教条。我只是想说明，看待事物的方式是多种多样的，而且都是有效的。如果你不认为它们有用，那就不要用。花棚里的工具多的是，你想用哪件就用哪件，不用管其他的。但是在决定之前，看看周围究竟有哪些工具不失为一个好主意。

如果让我总结日常思考中最重要的原则，我会把它们精简至两条：

（1）人人都是对的。
（2）人人都不是对的。

这两条原则并不矛盾。站在我们自己的角度，我们不可能故意犯错。我们会根据自己的知识、经验、情感和世界观，以最好的方式构建自己的观点。我们必须意识到，当我们与他人交流时，对方也是这么做的。这一点看似不言而喻，其实很容易被忘记。如果我们确实想向对方展示不同的观点，我们就必须进行合理的安排，从而使他的思维发生洞察型转变，能够从你的角度看待问题。洞察也是我们改进自身想法的过程。

虽然每个人在自己的语境中都是对的，但这种对并不是绝对的，而是仅限于那个语境。这意味着我们必须摒弃"我是对的，所有人都必须信奉我的观点"这种傲慢和独断。这种傲慢是最严重的错误，因为它违背了大脑改进想法时的自然行为。如果我们承认没有人是绝对正确的，那么我们就会更愿意寻求更好的想法，并且关注其他人的想法。

附录　要点总结

我们如何应对情况

1. 本能
2. 学习（直接学习/间接学习）
3. 理解

理解的五个层次

第一层次：简单的描述（仅描述场景）

第二层次：面糊词（含义模糊的词，比如机制、工具、安排）

第三层次：取名字（识别有确定名称的机制，比如魔法、重力）

第四层次：工作原理（因果关系，用笼统的话描述过程）

第五层次：完整的细节（详细描述所发生之事）

四种正确

第一种正确：情感正确（葡萄干蛋糕）

第二种正确：逻辑正确（拼图）

第三种正确：唯一正确（村花）

第四种正确：识别正确（麻疹）

五种错误

第一种错误:单轨错误(从一个想法直接移动到另一个想法)
第二种错误:量级错误(想法是对的,但效果的量级是错的)
第三种错误:失配错误(想法与事实不符)
第四种错误:断言错误(想法被傲慢的态度所钳制)
第五种错误:遗漏错误(把根据部分情况得出的结论应用于整体情况)

思考的基本过程

1. "继续"(想法接连出现)
2. "连接"(通过问题或提问确定一个目的地,试图与它建立连接)

是/否系统的局限性

1. 得过且过
2. 永久标签
3. 两极分化
4. 傲慢的正义感

傲慢的类型

1. 无可替代
2. 无可改变
3. 不可避免

怀疑的类型

1. 延缓式怀疑
2. 推进式怀疑

线索的作用

1. 产生想法
2. 确认想法
3. 排除想法

德博诺第一定律

"任何想法都不可能最大限度地利用现有信息。"

(想法是随着可用信息越来越多而慢慢发展的。如果能一次性获取全部信息,那么该想法对信息的利用会更充分。)

德博诺第二定律

"证明某事物是唯一正确的,往往只是因为你还不具有提出替代解释的想象力。"

(如果想不出更好的解释,你就会确信当下的解释是正确的。)

Po

Po 是一个新的功能词,它的作用是造成思考的中断,从而引起具有创造力和洞察力的转变。Po 是水平思考的一个基本工具,类似于逻辑思维中的否(NO)。

Po 的两个功能:

1. 解放(摆脱旧想法)。
2. 激发(产生新想法)。

半不可能的想法

半不可能的想法本身是错的,但是它可以充当踏脚石,帮助我们得到正确的想法。

傲慢钳
用于钳制特定想法，使其无法进一步发展，也无法转变成更好的想法。

思维敏锐
能迅速、准确地进行区分（像动物一样）。

思维模糊
先区分出大类别，再进行细化（像人类一样）。

面糊词
含义模糊且无意义的词，在思考中起着非常重要的作用。

面糊词的作用
1. 用来提出问题。
2. 用来做出有效的解释。
3. 充当交叉连接。
4. 充当黑匣子。
5. 防止过早地对某个具体想法采取行动。

具名概念
任何可以用一个名字来指代的概念。

捆绑概念
暂时作为一个整体使用，但尚未被赋予名字的一组概念。

范围分析
在没有掌握充分细节的情况下，也可以确定地对情况进行宽泛的描述。

按按钮的习惯
通过找到并按下正确的按钮来制造想要的效果,但并不知道这中间发生了什么。

黑匣子
能够在不了解内部细节的情况下有效使用一个想法或一台机器(例如,你可以在不具备任何电子学知识的情况下使用电视机)。

跳跃式前进
用黑匣子或面糊词代替未知的细节,跳过它们继续思考。

目标
为方便起见,我们可以用目标来指代"需要的东西"或"我们正在寻找的东西"。

思考 -2
思考 -2 需要你描绘自己的位置,而不是像普通的思考过程一样从一个想法移动到另一个想法。例如,在发生争执时,不是用一连串概念来说服对方接受你的观点,而是双方先描绘各自的起点,然后再考虑双方重叠的区域和距离彼此较远的区域。思考 -2 避免了一个常见的难题,即双方以为在讨论同一件事,但事实上并非如此。

思考 -2 的基本原则如下:

1. 把不同的画面描绘出来,而不是想当然地认为它们是一样的。
2. 接受不同画面的存在,并且意识到你不可能仅靠给画面贴上"否"的标签就使它消失。
3. 尝试提出起衔接作用的想法,帮助人们在不同的画面之间移动。

日常思考的基本原则

1. 人人都是对的。

（当一个人从自己的角度出发看问题时，他永远是对的。）

2. 人人都不是对的。

（没有绝对的"对"，因为"对"与特定的语境或一组特定的概念有关。）

德博诺（中国）课程介绍

六顶思考帽®：从辩论是什么，到设计可能成为什么

帮助您所在的团队协同思考，充分提高参与度，改善沟通；最大程度聚集集体的智慧，全面系统地思考，提供工作效率。

水平思考™：如果机会不来敲门，那就创建一扇门

为您及您所在的团队提供一套系统的创造性思考方法，提高问题解决能力和激发创意。突破、创新，使每个人更具有创造力。

感知的力量™：所见即所得

高效思考的 10 个工具，让您随处可以使用。帮助您判断和分析问题，提高做计划、设计和决定的效率。

简化™：大道至简

教您运用创造性思考工具，在不增加成本的情况下改进、简化事务的操作，缩减成本和提高效率。

创造力™：创造新价值

帮助期待变革的组织或企业在创新层面培养创造力，在执行层面相互尊重，高质高效地执行计划，提升价值。

会议聚焦引导™：与其分析过去，不如设计未来

帮助团队转换思考焦点，清晰定义问题，快速拓展思维，实现智慧叠加，创新与突破，并提供解决问题的具体方案和备选方案。